¿QUIÉN CREES QUE ERES?

ABRAZA LA PALABRA DE DIOS PARA SUPERAR
PENSAMIENTOS DESTRUCTIVOS, PROFUNDIZAR LA
CONCIENCIA ESPIRITUAL Y PROSPERAR EN MEDIO DE
LAS TORMENTAS DE LA VIDA

LORIE EUBANK

ÍNDICE

INTRODUCCIÓN

> *"Porque yo sé muy bien los planes que tengo para ti, declara el Señor, planes de bienestar y no de calamidad, para darte un futuro y una esperanza".*
>
> — JEREMÍAS 29:11 NTV

En Jeremías 29:11, encontramos una reconfortante promesa del Señor, que nos asegura que tiene planes para nuestras vidas: planes que son para nuestro bien y no para el mal. Este versículo nos recuerda que el propósito de Dios para nosotros es darnos un futuro lleno de esperanza.

El camino hacia descubrir quién eres puede ser una búsqueda interminable y desafiante, ya que requiere que miremos profundamente dentro de nosotros, enfrentando nuestros miedos, dudas e inseguridades. A menudo implica salir de nuestras zonas de confort y abrazar nuevas experiencias y perspectivas. Este viaje puede llevarnos a cuestionar nuestras creencias, reevaluar nuestras prioridades y tomar decisiones valientes.

En medio de las incertidumbres y dificultades que encontramos a lo largo del camino, podemos hallar consuelo al saber que Dios está con nosotros, guiándonos hacia un futuro más brillante. Él conoce sus planes para nosotros, que van más allá de nuestras circunstancias y pruebas inmediatas. Su propósito para nosotros abarca nuestro crecimiento personal, el cumplimiento de nuestro potencial y la realización de los dones y talentos únicos que nos ha dado.

Aunque el camino del autodescubrimiento puede estar lleno de giros y vueltas, es en última instancia, un proceso transformador que conduce al crecimiento personal y al cumplimiento de nuestro potencial dado por Dios. Es un camino hacia un futuro mejor, uno en el que podamos vivir de manera auténtica, seguir nuestras pasiones y marcar una diferencia significativa en las vidas de los demás.

Quiero que sepas que no estás solo en la lucha por recibir y experimentar el amor de Dios. Es un desafío común que muchos de nosotros enfrentamos en nuestras vidas. Entiendo que las experiencias pasadas, los sentimientos de indignidad o las creencias distorsionadas sobre el amor y la aceptación pueden crear barreras para comprender y aceptar verdaderamente el amor incondicional de Dios hacia ti.

Quizás has sido herido por otros en el pasado, lo que te ha puesto en guardia y vacilante respecto a abrir tu corazón al amor de Dios. O tal vez cargas con el peso de errores y fracasos, creyendo que te descalifican para recibir el amor y el perdón de Dios. Estos sentimientos de indignidad pueden nublar tu percepción y hacer que sea difícil abrazar por completo la profundidad del amor de Dios por ti.

Pero permíteme asegurarte que el amor de Dios no tiene límites. Supera el entendimiento humano y trasciende nuestras fallas y errores. El amor de Dios es puro, inquebrantable e incondicional. No se basa en lo que has hecho o en quién crees que deberías ser. Es un regalo que te es dado libremente, tal como eres.

Te animo a dar un paso hacia la recepción del amor de Dios abriendo tu corazón con vulnerabilidad y entrega. Permítete dejar de lado tus cargas y confiar en el perdón y la gracia de Dios. Busca una comprensión más profunda del carácter de Dios a través de la oración, la meditación y el estudio de Su Palabra. Rodéate de una comunidad de creyentes que te apoye y te recuerde el amor inquebrantable de Dios.

En las páginas de este libro, descubrirás las claves para vivir una vida más significativa, una vida alineada con tu verdadero propósito, siguiendo los planes que Dios tiene para ti. Es un viaje de autodescubrimiento, guiado por la sabiduría y las verdades presentes en la Palabra de Dios.

Dentro de estos capítulos, descubrirás valiosos conocimientos y orientación práctica para superar los obstáculos que impiden que abraces por completo los planes de Dios para tu vida. Explorarás las profundidades del amor de Dios y aprenderás cómo recibirlo y experimentarlo de una manera profunda y transformadora.

A través de historias inspiradoras, principios bíblicos y ejercicios que invitan a la reflexión, este libro te empoderará para confrontar tu pasado, liberar los sentimientos de indignidad y renovar tu mente con la verdad de la aceptación y la gracia de Dios.

A medida que leas las páginas de este libro y aprendas a perdonar como hemos sido perdonados, serás liberado de las cadenas del resentimiento y la amargura. Así como Dios nos extiende Su abundante perdón, somos llamados a extender esa misma gracia a los demás. A través del ejemplo de Cristo, que perdonó incluso a quienes lo crucificaron, encontramos la fuerza y la inspiración para perdonar. Al reconocer la profundidad de nuestros pecados y la inmensurable misericordia que se nos ha concedido, desarrollamos un corazón humilde y compasivo. No es fácil perdonar, pero es una elección que conduce a la sanación y la restauración. Al soltar la carga del rencor, hacemos espacio para que el amor, la paz y la reconciliación florezcan en nuestras relaciones. Es un hermoso acto de obediencia, que refleja el poder transformador del perdón de Dios en nuestras vidas.

Debemos reconocer que el diálogo interno negativo puede ser un adversario implacable, que erosiona nuestro valor personal y obstaculiza nuestro progreso. Sin embargo, la Palabra de Dios tiene el poder de desmantelar estos patrones destructivos y reemplazarlos con la verdad de nuestra identidad en Cristo. Al sumergirnos en la Palabra de Dios, encontramos un tesoro de afirmaciones que combaten las mentiras que nos decimos a nosotros mismos. Las Escrituras nos recuerdan que hemos sido creados de manera asombrosa y maravillosa, elegidos, amados y empoderados por el Espíritu Santo. Hablan de la fidelidad, la gracia y el amor incondicional de Dios. A medida que meditamos en estas verdades y permitimos que impregnen nuestras mentes, el diálogo interno negativo pierde su dominio. Con la Palabra de Dios como nuestro escudo y espada, podemos conquistar el diálogo interno negativo, abrazar nuestro verdadero valor y vivir con la confianza de saber que somos profundamente amados y apreciados por nuestro Padre celestial.

Recuerda, Dios desea una relación genuina contigo. Anhela que experimentes la plenitud de Su amor y aceptación. Abraza la verdad de que eres digno del amor de Dios simplemente porque eres Su creación. Permite que Su amor llene los espacios vacíos dentro de ti y traiga sanación a tu alma. Eres apreciado, valorado y profundamente amado por Dios. Espero que encuentres el valor para abrir tu corazón y recibir la abundancia de Su amor.

1

ABRAZANDO TU CAMINO DE DESCUBRIMIENTO

"Porque tú creaste mis entrañas; me formaste en el vientre de mi madre. Te alabo porque soy una creación admirable; ¡tus obras son maravillosas, y esto lo sé muy bien!"

— SALMO 139:13-14 NVI

EL CAMINO DE DESCUBRIRTE A TI MISMO

Conocer y entender que has sido creado de manera admirable y asombrosa, que no hay errores en quien fuiste creado para ser, es conocer a tu Creador. Conocer al que te creó a Su imagen, tener una relación con el Todopoderoso. Adán y Eva tuvieron esta relación con el Señor. Ellos fueron las primeras personas creadas por Dios y los primeros en caminar en comunión con Él en el jardín. Dios caminaba y hablaba con ellos en la frescura del día.

En Génesis 1:31, después de crear al hombre a Su imagen y darle dominio sobre todos los seres vivientes, los peces del mar, las aves del cielo y todos los animales grandes y pequeños que caminaban sobre la tierra, miró todo lo que había hecho y dijo que era muy bueno. Te creó a Su imagen. Sabía lo que estaba haciendo. No ve ninguna parte de ti como un error. Si vamos a comenzar este viaje para descubrir quién eres realmente, primero debemos ver lo que Él dice sobre ti en Su palabra.

Es esencial que busquemos en la Palabra de Dios para entender lo que Él dice sobre nosotros como Su creación. Si no comenzamos con Su palabra como nuestra base, entonces estaremos sujetos a las mentiras del enemigo. Y créeme, tenemos un enemigo que quiere robar, matar y destruir. Quiere destruir la manera en que te ves a ti mismo, diciéndote mentiras a través de las redes sociales, las revistas, la televisión y cualquier otra forma de entretenimiento. Si no sabes lo que la Palabra de Dios dice sobre ti, es fácil ser engañado. El enemigo puede simplemente torcer las palabras y plantar semillas de duda en tu mente.

Mira lo que le pasó a Eva en el jardín. Satanás, la serpiente, fue sutil y astuto y le preguntó a Eva: "¿Con que Dios les ha dicho que no coman de ningún árbol del jardín?" (Gén. 3:1). Satanás hizo que Eva dudara de lo que Dios había dicho, preguntando: "¿Es eso cierto?" Cuando Eva respondió, dijo: "Podemos comer del fruto de los árboles del jardín, pero del fruto del árbol que está en el medio del jardín, Dios ha dicho: 'No comerán de él ni lo tocarán, o morirán'".

Su respuesta muestra que no sabía exactamente lo que Dios había dicho. Cuando Dios dio este mandato, se lo dio a Adán antes de que Eva fuera creada. Así que probablemente sea justo decir que Adán compartió esta información con Eva. Debido a que Eva no conocía la palabra de Dios por sí misma, Satanás fue capaz de torcer lo que Dios dijo y engañarla. Le dijo que Dios simplemente no quería que conociera el bien y el mal porque, al hacerlo, sería como él. A través de la semilla del engaño, fue tentada y vio que el árbol era bueno para comer, que era agradable a los ojos y deseable para alcanzar la sabiduría. Así que comió del árbol y le dio a Adán. E inmediatamente, sus ojos se abrieron.

Antes de este momento, nunca habían sido conscientes de su desnudez. Nunca conocieron la vergüenza. De repente, cuando sus ojos se abrieron, supieron que estaban desnudos, y se escondieron. Lo que diré a continuación, lo digo con absoluto amor y no con juicio. Ambos tenían una elección, tenían libre albedrío, y no tenían razón para no confiar en que Dios quería lo mejor para ellos. Desafortunadamente, debido a las mentiras y engaños de Satanás, nuestro mayor enemigo, tomaron una decisión equivocada. Y debido a que tomaron la decisión equivocada, el curso de la humanidad fue redirigido para siempre, por decirlo suavemente.

Cuando pasamos tiempo leyendo nuestras Biblias, aprendemos quién es Dios y cuánto nos ama. Como les digo a mis hijos, cuando leemos nuestras Biblias cada año, tal vez estemos leyendo lo mismo una y otra vez, pero siempre obtenemos algo nuevo de Su palabra si lo hacemos con el deseo de conocerlo mejor. Un ejemplo claro es el texto que mencioné anteriormente en Génesis. Nunca había reconocido antes al leer esos versículos que Eva no dijo lo mismo que Dios le dijo a Adán. Nunca me había dado cuenta de que ella no conocía la palabra de Dios por sí misma. ¿Cómo se puede esperar que alguien entienda lo que otro dice sin escucharlo de la fuente original? Lo mismo ocurre con nuestra relación con Dios. Si no pasamos tiempo leyendo Su Palabra, ¿cómo podemos esperar saber lo que ha dicho sobre nosotros, Su creación y Sus hijos?

Observa las Escrituras anteriores y reconoce otro punto del engaño de Satanás. Sabemos en Génesis 1 que Dios creó al hombre a Su imagen; los creó tanto al hombre como a la mujer y luego dijo que eran muy buenos. Así que no solo Satanás mintió y torció la palabra de Dios acerca del fruto del árbol del conocimiento, sino que también hizo que Eva dudara de quién era. La decepción en el jardín también se utilizó para hacernos dudar de quiénes somos. Dios dijo que fuimos hechos a Su imagen. Pero Satanás convenció a Eva de que podía ser como Dios si comía del fruto. Ella ya era como Dios porque fue hecha a Su imagen. Pero Satanás, el padre de las mentiras, sembró la duda en su mente al decirle que ese fruto la haría como a Él.

Debes recordar que Satanás, Lucifer, es un ángel caído. El orgullo se interpuso en su camino, y quiso estar por encima de Dios. Al caer de su lugar y de Su favor, está en una misión para destruir a toda la humanidad. Así como fue tras

Jesús antes de que comenzara Su ministerio en la tierra, va a perseguir a cualquiera que esté comprometido con una relación con Dios.

Amado, escúchame ahora: Dios TE AMA. Fuiste creado a Su imagen, y Él pagó el precio más alto para restaurar una relación contigo a través de Su Hijo, Jesús. La autoridad que Adán y Eva entregaron en el jardín fue devuelta a ti a través de la muerte y resurrección de Jesús.

> "Por el gozo puesto delante de Él, soportó la cruz, menospreciando la vergüenza..." (Hebreos 12:2 NVI)

Tú eres el gozo que declara este versículo. Él menospreció la vergüenza que vino con el precio del pecado, que era la muerte. Él despreciaba el pecado, no al pecador. Amaba al pecador; por eso soportó todo lo que soportó. Sabía que Su Sangre sería necesaria para perdonar de una vez por todas todos los pecados.

LA IMPORTANCIA DE SABER QUIÉN ERES

> "No se conformen a este mundo, sino transfórmense
> mediante la renovación de su mente, para que
> puedan comprobar cuál es la buena voluntad de
> Dios, agradable y perfecta. Digo, pues, por la gracia
> que se me ha dado, a cada uno de ustedes, que no
> piensen de sí mismos más de lo que deben pensar,
> sino que piensen con sensatez, conforme a la medida

de fe que Dios ha repartido a cada uno". Romanos 12:2-3

Debemos renovar nuestras mentes a través de la Palabra de Dios para no conformarnos a este mundo. Dios no quiere que te veas como el mundo te ve. Quiere que te veas como Él te ve. Te daré un ejemplo de la diferencia entre la Palabra y el mundo. Es una línea muy delgada pero importante. Observa.

PALABRA | MUNDO (WOR_LD | WORD)

¿Lo ves? Es una línea delgada. Para ser claros, la letra "l" es la que diferencia las dos palabras en inglés Word (palabra) y World (mundo). Y aunque pueda parecer algo trivial, piensa en cuántas veces enfrentamos las tentaciones y, porque todos los demás lo hacen, muchos cristianos se dejan llevar. Nuevamente, no estoy juzgando, y lo digo con el mayor amor. El mundo se ha vuelto tan insensible con el tiempo, que lo que nunca se habría considerado aceptable hace 50 años, hoy ni siquiera es cuestionado por la mayoría. Jesús vino al mundo para salvar a los pecadores, entre los cuales yo era uno que necesitaba ser salvado. Es por esa gracia y misericordia que me fue mostrada que busco atesorar siempre mi relación con Aquel que me salvó.

Aún recuerdo el día en que le entregué mi vida de nuevo a Dios. Mira, yo era lo que algunos llamarían una buena persona. Hacía cosas amables por las personas. Ayudaba a otros siempre que podía. Cuando era más joven, había ido a la iglesia católica con mi abuelo, a la iglesia bautista con mis otros abuelos, y al autobús de la escuela dominical que venía a nuestro vecindario. Durante todos esos años, supe acerca de Dios, pero nunca aprendí lo que era tener una relación con Él. Cuando era niño, escuchaba que todo pecado lleva a la muerte. Me aterraba, porque, a esa edad, pensaba que cada cosa terrible que me pasaba era el resultado de mentir sobre mis tareas.

Aclaremos algo; el pecado sin arrepentimiento sí abre la puerta al enemigo en tu vida. Pero esa es la belleza de la misericordia. Jesús pagó el precio. Todo lo que necesitamos hacer es arrepentirnos y pedir perdón.

Cuando tomé la decisión de entregarle mi vida de nuevo a Dios, me estaba comprometiendo a vivir para Él el resto de mi vida. Pero tan pronto como el pastor dijo que pasara al frente y lo confesara públicamente, inmediatamente me imaginé como si hubiera una pantalla gigante sobre mi cabeza mostrando cada pecado que había cometido. Eso me paralizó. Pero, una vez más, la misericordia de Dios y Su gracia me ayudaron a dar ese paso adelante, porque la verdad era que no estaba confesando ningún pecado al caminar hacia el frente. Estaba reconociendo que había tomado una decisión por Él.

Fíjate cómo las palabras pueden cambiar rápidamente la forma en que piensas sobre algo. Cuando pensé que tenía que pararme frente a todos y confesar, me aterrorizó. No quería que las personas en la iglesia supieran lo que había hecho mal. Pero eso no es lo que Jesús está buscando. Él busca una relación. Quiere que vengas y seas abrazado en Su amor perfecto e incondicional. Esa confesión era solo el reconocimiento de que, sí, era un pecador, pero también entendía que había sido perdonado.

No somos la suma de nuestros errores, ni estamos definidos solo por los logros que podemos enumerar. El mundo no nos define; solo podemos ser definidos por Aquel que nos creó.

> "Al que no conoció pecado, por nosotros lo hizo pecado, para que nosotros fuésemos hechos justicia de Dios en Él". 2 Corintios 5:21

Sé valiente para desafiar la mentira.

Cuando no conocemos la verdad, creeremos en las mentiras. Cuando sepas lo que la palabra de Dios dice sobre ti, verás el gran valor que Él ve en ti. Si volvemos a ver Romanos 12:3, se nos advierte que no pensemos de nosotros mismos más de lo que deberíamos. Esto se refiere a caer en el orgullo. El mundo a menudo usa frases como: "¿Quién crees que eres?" o "¿Crees que eres mejor que los demás solo porque eres cristiano?" Estas afirmaciones hacen que algunos creyentes no valoren a Cristo en ellos. Lo mismo sucede cuando te menosprecias.

No siempre es fácil ver lo que Dios ve en nosotros. Hay días en los que, cuando estás atravesando dificultades, te costará mucho ver lo que Él ve. Creo que por eso el versículo termina con: "Dios ha dado a cada uno una medida de fe". Él sabía que habría días en los que la única forma de ver lo que Él ve es a través de la fe. En esos días difíciles, asegúrate de mirar a través del lente de la fe, porque puedes estar seguro de que alguien intentará sembrar dudas.

Cuando surjan las dudas, pregúntate: ¿Son solo sentimientos de duda? Porque no nos dejamos llevar por nuestros sentimientos. Tienes dos partes en tu cerebro, una es para los sentimientos y emociones, y la otra es para pensar y razonar. Necesitamos cuestionar la mentira que trae la duda apartando nuestros sentimientos y emociones para poder pensar con lógica. Mientras lo analizas, pregúntate por qué esta distracción, esta duda, está surgiendo en este momento. ¿Qué hay al otro lado de mi decisión si sigo adelante y no permito que la duda obstaculice mis pasos?

RECONOCIENDO EL IMPACTO DE LA IDENTIDAD EN TU VIDA

Si no te amas a ti mismo, ¿cómo puedes amar a los demás? La verdad es que casi resulta imposible. ¿Cómo puedes aceptar el amor si no te sientes digno de él? Amar es confiar. Debes bajar la guardia y confiar en Dios, tu Creador, para que te ame y te muestre quién eres en Él. Su amor perfecto disipará tus miedos si le abres tu corazón. Él conoce los planes que tiene para ti, los cuales son buenos y no malos, para que tengas esperanza en tu futuro y en tu presente.

Un punto clave que he mencionado es que Dios desea una relación contigo. Entregó a Su Hijo para que pudiéramos tener vida eterna. Jesús compró nuestra libertad para que pudiéramos ser adoptados como hijos e hijas, Sus propios hijos, según Gálatas 4:5.

> "Porque tú formaste mis entrañas; Tú me hiciste en el vientre de mi madre. Te alabaré; porque formidables, maravillosas son tus obras; Estoy maravillado, Y mi alma lo sabe muy bien". Salmo 139:13-14

Dios te creó como un individuo, de manera única y con un propósito. ¡Tienes valor, eres amado! No creas la mentira que dice lo contrario. No busques en las redes sociales, la televisión o internet tratando de imitar a alguien más o de ser alguien que no fuiste creado para ser.

En la película "Lo que una chica quiere" de 2003, una joven americana hace todo lo posible por encajar en la sociedad en la que vive su padre. Ella quiere tener una relación con él después de tantos años sin saber quién era ni dónde estaba. Hay una escena en la que Ian Wallace le pregunta a Daphne Reynolds: "¿Por qué te esfuerzas tanto por encajar cuando naciste para destacar?"

Esa es la imagen de muchos de nosotros, especialmente de las mujeres. ¿Qué experiencias, traumas o errores del pasado te han llevado a tratar de encajar, a sentirte insuficiente o a buscar amor en los lugares equivocados? Recuerda, no eres la suma de tus errores y que no solo se te valora por tus logros.

En Efesios 2:10, el Apóstol Pablo nos dice que somos obra de Dios, creados en Cristo Jesús para buenas obras. Mira la creación a tu alrededor: los pájaros, los atardeceres, las montañas y los valles llenos de flores. Jesús dijo en Lucas 12:7: "Porque hasta los cabellos de tu cabeza están contados. No temas, pues; más vales tú que muchos pájaros". En Mateo 6:30, dijo: "Y si la hierba del campo, que hoy es y mañana se echa en el horno, Dios la viste así, ¿no hará mucho más por ustedes, gente de poca fe?"

"Mayor es Él que está en nosotros que el que está en el mundo". 1 Juan 4:4

No estamos solos en esto. Tenemos respaldo.

"Pero ustedes son un pueblo elegido por Dios, sacerdotes al servicio del Rey, una nación santa, y un pueblo que pertenece a Dios. Él los eligió para que anuncien las poderosas obras de aquel que los llamó a salir de la oscuridad para entrar en su luz maravillosa". 1 Pedro 2:9

Eres Elegido. ¡Él te eligió! Te ha llamado de la oscuridad de este mundo a Su luz.

POR QUÉ EL MEJOR AUTODESCUBRIMIENTO COMO CRISTIANO ES A TRAVÉS DE DIOS

Es crucial saber quién eres en Cristo. Como cristianos, debemos ser guiados por el Espíritu en todo lo que hacemos, especialmente cuando buscamos entender quién es Dios y quién nos creó para ser. Cuando pasamos tiempo de calidad leyendo la Biblia, podemos sentir esa paz que sobrepasa todo entendimiento. Cuanto más lees la Palabra, más revelación y conocimiento recibes de ella. Conectarte con la Palabra a través del Espíritu te ayuda a ser más sensible a sus impulsos cuando interactúas con tu familia o compañeros de trabajo.

Cuando lees los Salmos y Proverbios de manera regular, obtienes sabiduría para la vida cotidiana, en cómo tratar a los demás y cómo hacer tu trabajo. Vemos lo que significa ser tan honesto con Dios cuando el salmista está enojado con alguien, y el Espíritu en nosotros nos recuerda una situación que podríamos haber manejado de otra manera para obtener un mejor resultado. El salmista abre su corazón al Señor en adoración de una manera que quizás nunca habías imaginado. Revela su gran pecado, se arrepiente y puede adorar porque se ha quitado el peso de encima; está en absoluta rendición. Y en lugar de ser llevado cautivo, lo que recibe es libertad.

A medida que buscamos conocer más a Dios, empezamos a vernos a nosotros mismos a través de Su Palabra. Empezamos a conectar con el Espíritu Santo y descubrimos que caminamos con más paz y comprensión. El contentamiento se asienta sobre nosotros como una manta. Empiezas a desear más de El porqué el agua viva está saciando tu alma. No puedes vivir sin ella.

Déjame crear una imagen para ti. Seguramente has visto el enorme cubo de agua en un parque acuático que se va llenando hasta que se derrama sobre las personas que están debajo. Los niños que esperan ahí gritan con anticipación, esperando que esa agua caiga sobre ellos. Lo mismo puede suceder con la Palabra. Te llenas al leerla diariamente. El impacto que tiene en tu corazón ya está cambiando tu vida. Tu "cubo" se llena, y de repente se derrama. Gritas, pero no como lo esperarías. Es un grito de libertad; es un grito de alabanza y agradecimiento. Porque en lugar de perder lo que has acumulado, esa agua ha lavado años de cargas que has llevado. Ya no llevas el peso de la vergüenza. Ya no estás oprimido por la carga de los pecados del pasado. Te sientes más liviano que nunca. Eso es agua viva. Encuéntrala y llénate de ella cada día en la Palabra de Dios.

Versículos bíblicos para reflexionar:

- Jeremías 1:5 - "Antes de formarte en el vientre, te conocí, y antes de que nacieras, te aparté; te nombré profeta para las naciones".
- Proverbios 3:5-6 - "Confía en el Señor con todo tu corazón, y no te apoyes en tu propio entendimiento.

Reconócele en todos tus caminos, y Él enderezará tus sendas".

- Salmo 32:8 - "Te haré entender, y te enseñaré el camino en que debes andar; sobre ti fijaré mis ojos".
- Romanos 12:2 - "No se conformen a este mundo, sino transfórmense mediante la renovación de su mente, para que puedan comprobar cuál es la buena voluntad de Dios, agradable y perfecta".
- 1 Pedro 2:9 - "Pero tú eres linaje escogido, real sacerdocio, nación santa, pueblo adquirido por Dios, para que anuncies las virtudes de Aquel que te llamó de las tinieblas a su luz admirable".

Antes de continuar, tómate un tiempo para reflexionar sobre cada uno de estos versículos. Permíteles centrar tu pensamiento sobre quién eres en Cristo.

Preguntas para reflexionar:

1. ¿Cómo ha profundizado mi viaje de descubrimiento con Dios mi comprensión de la fe y cómo esta forma parte de mi identidad?
2. ¿De qué maneras ha transformado mi relación con Dios el hecho de abrazar mi viaje de descubrimiento con Él?
3. ¿Qué lecciones he aprendido sobre la confianza, la entrega y la guía del Espíritu a lo largo de mi viaje?

1. ¿Cómo ha influido mi viaje de descubrimiento con Dios en mi perspectiva sobre el propósito, el significado y la visión más amplia de la vida?
2. ¿Qué prácticas o hábitos he desarrollado para nutrir y mantener mi conexión con Dios durante este viaje de descubrimiento?

En este capítulo, nos enfocamos en nuestra creación a imagen de Dios y en nuestro valor inherente. Se nos llama a una relación personal con Dios, como se ejemplifica en la comunión de Adán y Eva con Él. Se subraya la importancia de fundamentarse en la Palabra de Dios para evitar caer en influencias engañosas que buscan socavar nuestra percepción de nosotros mismos y nuestra relación con Dios. A través de la historia de la tentación y la caída de Eva, entendemos por qué es importante tener un conocimiento y comprensión personal de los mandatos de Dios. Las decisiones que tomaron Adán y Eva condujeron a consecuencias que cambiaron el curso de la humanidad, lo que destaca el poder del libre albedrío y el daño potencial del engaño.

Al embarcarnos en un viaje de autodescubrimiento a través de Dios, reconocemos la importancia de renovar nuestras mentes mediante la Palabra de Dios en lugar de conformarnos a las perspectivas del mundo. La distinción que se hace entre las palabras en inglés word (palabra) y world (mundo) muestra cómo una pequeña desviación de la Palabra de Dios puede llevar a tentaciones mundanas. La esencia de nuestra identidad no se define por los estándares del mundo, sino por nuestro Creador divino.

A medida que nos sumergimos diariamente en Su Palabra, esta nos purifica, despojándonos de años de cargas y vergüenza. Este compromiso con la Palabra de Dios, Su agua viva, nutre nuestras almas y nos lleva a una vida de libertad, alabanza y gratitud. En última instancia, debemos mirar a través del lente de la fe, reconociendo nuestro valor en Cristo.

En el próximo capítulo, aprenderemos qué significa abrazar tu identidad como hijo de Dios. Revisaremos las Escrituras que nos ayudarán a entender cómo nos ve Él y qué dice Su Palabra sobre nuestra identidad en Cristo.

2

CONOCIENDO Y COMPRENDIENDO TU IDENTIDAD A TRAVÉS DE LOS OJOS DE DIOS

> *"¡Miren qué gran amor nos ha dado el Padre, para que seamos llamados hijos de Dios! ¡Y lo somos!"*

— 1 JUAN 3:1

ABRAZANDO TU IDENTIDAD COMO HIJO AMADO DE DIOS

En la sociedad actual, no tenemos que buscar mucho para encontrar a alguien o alguna prueba de personalidad que prometa ayudarte a conocerte mejor. Las redes sociales tienen tests de nombres y cuestionarios de selección múltiple que aseguran revelar algo profundo sobre ti. El problema con estos tests es que dan respuestas genéricas. Si no te gusta lo que dicen, simplemente actualiza la página para obtener una nueva descripción.

Para la mayoría de las personas, la identidad se encuentra en lugares y cosas externas. Dónde trabajas, con quién estás saliendo o con quién estás casado, el tamaño de tu casa, tu reputación, la ropa que usas y tu apariencia física, por mencionar algunos ejemplos. Pero con todas estas cosas, el cambio es inevitable. Envejeces y tu cuerpo cambia. Si pierdes tu trabajo, tu estilo de vida cambiará. Una falsa acusación puede arruinar tu reputación y dejarte devastado.

¿Y tu fe? Si tienes una relación con Dios, sabes que Él es fiel y verdadero. La Biblia dice en Hebreos 13:8: "Jesucristo es el mismo ayer, hoy y por los siglos". Él es un fundamento firme sobre el cual puedes descubrir la verdad de quién dice Él que eres. Tu identidad en Él no está atada a una religión. Se encuentra en quién es Él y en quién dice que tú eres.

Veamos una breve lista de 10 características de quién es Él:

- Creador
- Redentor
- Sanador
- Consejero
- Consolador
- Salvador
- Amigo
- Fortaleza
- Proveedor
- Paz

Él es el todo suficiente, todo lo que necesitas y más. Y porque Él es quien es, tiene un lugar especial en su corazón para ti y para mí. Incluso el mejor padre que puedas imaginar no se compara con el Padre que Dios quiere ser para nosotros.

CÓMO DIOS VE A SUS HIJOS

Cada vez que inicias una relación con alguien, ya sea un nuevo amigo o alguien con quien estás saliendo, haces preguntas para descubrir quién es y qué le gusta o no le gusta. Sin embargo, la mayoría de las personas no vienen con un libro que describa todo lo que quieres saber. No es posible porque las personas están cambiando constantemente. La buena noticia con Dios es que Él tiene un libro, y nunca cambia. Incluso ha incluido notas y cartas para que sepas lo que piensa de ti también.

Como Padre, Él te ama, te elige y tiene un propósito para tu vida. Aquí tienes seis versículos de las Escrituras donde Dios se refiere a ti como Su hijo. Eres parte de Su familia, y Romanos 8:17 también nos dice que somos herederos juntamente con Cristo.

> "Pero a todos los que lo recibieron, a los que creen en su nombre, les dio el derecho de ser hechos hijos de Dios; los cuales no nacen de sangre, ni de voluntad de carne, ni de voluntad de hombre, sino de Dios". Juan 1:12-13

"Pues todos son hijos de Dios por la fe en Cristo Jesús" Gálatas 3:26

"Amados, ahora somos hijos de Dios, y aún no se ha manifestado lo que habremos de ser; pero sabemos que cuando Él se manifieste, seremos semejantes a Él, porque le veremos tal como Él es". 1 Juan 3:2

"Y seré para ustedes como un Padre, y ustedes me serán hijos e hijas, dice el Señor Todopoderoso". 2 Corintios 6:18

"Pues no han recibido el espíritu de esclavitud para volver al temor, sino que han recibido el espíritu de adopción, por el cual clamamos: ¡Abba, Padre! El Espíritu mismo da testimonio a nuestro espíritu de que somos hijos de Dios". Romanos 8:15-16

"Diré al norte: '¡Dame!' y al sur: '¡No te detengas!' Trae de lejos a mis hijos, y a mis hijas de los confines de la tierra, todos los llamados por mi nombre; para mi gloria los he creado, los formé y los hice". Isaías 43:6-7

Como hijo de Dios, Él nos dice que eduquemos al niño en el camino en que debe andar, y cuando sea viejo, no se apartará de él. Proverbios 22:6. ¿Cómo puede Él educar a Sus hijos? Nos dio Su palabra. Contrario a lo que muchos piensan, la Biblia no es solo un libro de "Las cosas que no debes hacer". Es un libro lleno de instrucciones sobre cómo vivir una vida bendecida. Cuando obedecemos a nuestros padres, somos bendecidos.

Lo que la Biblia dice sobre la identidad en Cristo

Probablemente has escuchado a alguien decir: "Dios obra de maneras misteriosas". Pero esa no es la forma en la que la Biblia dice que Él obra. Si lees la Biblia, puedes reconocer patrones desde el Antiguo Testamento hasta el Nuevo.

> "El SEÑOR es justo en todos sus caminos y bondadoso en todas sus obras. El SEÑOR está cerca de quienes lo invocan, de quienes lo invocan en verdad. Cumple los deseos de quienes le temen; atiende a su clamor y los salva". Salmo 145:17-19

Él es justo en todos Sus caminos y fiel en todo lo que hace. Eso no suena misterioso para mí; de hecho, es bastante claro. Vamos a ver algunos versículos para entender lo que la palabra de Dios dice sobre tu identidad.

> "Tú ya no eres extranjero ni desconocido, **sino conciudadano de los santos y miembro de la familia de Dios**" Efesios 2:19

> "Al que no conoció pecado, por nosotros lo hizo pecado, para que nosotros **fuésemos hechos justicia de Dios** en él". 2 Corintios 5:21

"Pero ustedes son **linaje escogido**, real sacerdocio, nación santa, pueblo **adquirido por Dios**, para que proclamen las obras maravillosas de aquel que los llamó de las tinieblas a su luz admirable". 1 Pedro 2:9 NVI

"**Que puedan comprender**, junto con todos los santos, cuán ancho, largo, alto y profundo es el amor de Cristo, y conocer ese amor que sobrepasa nuestro conocimiento, para que sean llenos de toda la plenitud de Dios". Efesios 3:18

"Somos **obra de Dios**, creados en Cristo Jesús para hacer buenas obras, las cuales Dios preparó de antemano para que andemos en ellas". Efesios 2:10

*Nota: He enfatizado algunas partes para resaltar cómo Él te ve.

Todos los versículos que aparecen aquí señalan a un miembro de familia hermoso, fuerte y escogido. Esa es tu identidad, y aún más. Tómate un tiempo para buscar en la Biblia sobre la Identidad en Cristo. Te será más fácil si tienes una app de la Biblia en tu teléfono o dispositivo. Cuando lo hice, encontré más de cincuenta versículos que te ayudan a ver cómo Dios te ve.

RECONOCIENDO TU VALOR Y TU IMPORTANCIA EN ÉL

Hablamos sobre nuestra identidad en Cristo, quién es Dios y cómo nos ve. Ahora, hablemos sobre tu valor e importancia en Él. Primero, necesitamos aclarar la diferencia entre valor e importancia. Cuando se trata de objetos, los términos valor e importancia a menudo se usan de manera intercambiable, pero pueden tener connotaciones ligeramente diferentes dependiendo del contexto. Ambos términos se refieren a la relevancia o utilidad de un objeto, pero pueden abordarse desde diferentes perspectivas.

El valor se refiere a la estimación o percepción del valor de un objeto, generalmente en términos monetarios. Es el precio o la cantidad que alguien está dispuesto a pagar o intercambiar por un artículo en un entorno económico. Por ejemplo, una moneda de colección rara puede tener un alto valor porque es muy buscada por los coleccionistas, aunque su valor intrínseco como pieza de metal sea relativamente bajo.

Por otro lado, la importancia abarca un sentido más amplio que el valor y va más allá de las consideraciones monetarias. Se refiere al significado general, la utilidad o la relevancia de un objeto, a menudo incorporando factores no monetarios como el valor sentimental, el apego emocional, la relevancia histórica o cultural, o la utilidad práctica. Por ejemplo, una reliquia familiar transmitida de generación en generación puede tener una gran importancia debido a su valor sentimental y los recuerdos asociados con ella, incluso si no tiene valor monetario en el mercado.

Me alegra saber que mi valor e importancia no están ligados al mercado, y que no se basan en sentimientos y emociones. Nuestro valor no proviene de tener una posición de autoridad o de ser un novato en un trabajo. En Efesios 2:10 se nos dice que somos hechura de Dios, creados en Cristo Jesús para hacer buenas obras. En Marcos 10:45, Jesús dijo: "Porque ni aun el Hijo del Hombre vino para ser servido, sino para servir y para dar su vida en rescate por muchos".

Jesús vino para servir, no para ser servido. Él no estaba preocupado por el título o la posición. Su valor o importancia no provenían de eso. Su valor venía de su identidad como el Hijo de Dios. Y como el Hijo de Dios, entregó su vida como sacrificio por nosotros. Sabemos que somos valiosos para Dios porque Él pagó el precio por nosotros con la vida de Su Hijo.

¿Cuál es mi valor para Dios?

A través de los ojos de la fe, eres inmensamente precioso y valioso para Dios. Eres una creación única, tejida cuidadosamente por manos divinas. Tu valor para Dios no está determinado por los estándares del mundo o por tus logros, sino por la profundidad del amor y la gracia que Dios ha derramado sobre ti.

El amor de Dios por ti es incondicional e inquebrantable. Trasciende tus fallas, errores y debilidades. Eres un hijo amado de Dios, íntimamente conocido y profundamente querido. Tu valor radica en el simple hecho de que fuiste creado a imagen de Dios, reflejando cualidades divinas y un potencial único.

Dios tiene un propósito para tu vida. No estás aquí por accidente, sino por un diseño divino. Tus dones, experiencias y talentos únicos están destinados a traer bondad, justicia y amor al mundo.

No importa lo que hayas vivido, la gracia de Dios está disponible para ti. Eres digno de perdón, redención y transformación. Dios desea verte crecer, sanar y convertirte en la mejor versión de ti mismo.

A los ojos de Dios, eres irremplazable y tienes un valor incalculable. Tu valor no se basa en validaciones externas, sino en el amor divino que te rodea. Abraza tu valor, acepta tu identidad como un hijo amado de Dios, y vive tu vida sabiendo que eres profundamente valorado por el Todopoderoso.

DESCUBRIENDO TU PROPÓSITO Y LLAMADO EN EL REINO DE DIOS

No es raro cuestionarse cómo Dios podría usarte para cumplir Sus propósitos y planes. Soy un ser terrenal, con fallas y errores en mi pasado, y no veo cómo podría hacer algo importante para Dios. Pero, aun con el peor pasado, Dios redime a Sus hijos cuando claman a Él.

> "A ordenar que a los afligidos de Sion se les dé gloria
> en lugar de ceniza, óleo de gozo en lugar de luto,
> manto de alegría en lugar de un espíritu angustiado;
> y serán llamados árboles de justicia, plantío del
> Señor, para su gloria". Isaías 61:3

Pídele a Dios que te muestre lo que quiere que hagas para ser las manos y pies de Jesús. Puede que tengas un testimonio que puedas compartir con alguien porque entiendes lo que está pasando. Cuando compartes cómo Dios te ayudó a vencer y obtener la victoria, lo alientas. Es alentador porque, como Pedro compartió en Hechos 10:34, "En verdad comprendo que Dios no hace acepción de personas". Eso significa que si Dios lo hizo por ti, también puede hacerlo por ellos.

Lo último que Jesús dijo a los discípulos fue que fueran y hagan discípulos de todas las naciones. ¿Significa eso que debes dejarlo todo y viajar por el mundo predicando el Evangelio? No, a menos que Dios te lo haya pedido. Sabes cuándo eres llamado para eso. Hay otras formas de ir al mundo y hacer discípulos. Tal vez eres parte de un equipo de servicio en tu iglesia, ministrando a los niños en la escuela dominical. Puede que haya un viaje misionero al que no puedas ir en este momento, pero puedes orar por el equipo o incluso sembrar una semilla financiera para ayudar a alguien más a ir. Puedes compartir lo que Dios está haciendo en tu vida con otros que podrían ser alentados al escucharlo. Cada vez que haces algo que los dirige a Dios, estás compartiendo Sus buenas noticias.

Algunas pautas de la Palabra de Dios

Algo que debes recordar es que no estás solo. Proverbios 3:6 nos dice que no confiemos en nuestro propio entendimiento, sino que lo reconozcamos a Él, y Él enderezará nuestro camino. Cuando pasas tiempo en la Palabra, estás llenando tu tanque. Lees pasajes de orientación y te familiarizas con ellos, y cuando surge una situación, los versículos que leíste te guiarán en cómo deberías responder. Es como tomar vitaminas diarias para mantener tu sistema inmunológico fuerte y tus articulaciones saludables. Funciona como un proceso progresivo que se fortalece con el tiempo.

Jesús pasó tiempo hablando de las Escrituras cuando era niño (ver Lucas 2:46-47). Cuando Satanás vino a tentarlo antes de que comenzara su ministerio, Jesús le respondió con la Palabra de Dios para detenerlo (ver Mateo 4:1-11).

Muchos de los Proverbios también nos orientan a buscar consejo sabio. Debemos asegurarnos de estar conectados con el Cuerpo de Cristo. No necesitamos seguir los consejos de todo el mundo, sino seguir el ejemplo de Jesús, quien tuvo a 12 discípulos con los que viajó y ministró. También tenía algunos discípulos aún más cercanos, quienes tuvieron la oportunidad de presenciar y ser parte de momentos significativos en la vida y ministerio de Jesús. Asegúrate de que las personas con las que te rodeas no solo te digan lo que creen que quieres escuchar.

"De igual manera, jóvenes, sométanse a los mayores. Sí, todos ustedes, sean sumisos unos a otros, y revístanse de humildad, porque Dios resiste a los soberbios, pero da gracia a los humildes". 1 Pedro 5:5

Cuando nos sometemos unos a otros y permanecemos humildes, Dios puede hacernos crecer y ayudarnos a dar fruto en nuestras vidas. Además, recuerda que las personas a veces son guiadas por sus propias ideas, así que siempre ora y verifica lo que te han dicho con lo que dice la Palabra de Dios.

"Mas tenga la paciencia su obra completa, para que sean perfectos y cabales, sin que les falte cosa alguna. Y si alguno de ustedes tiene falta de sabiduría, pídala a Dios, el cual da a todos abundantemente y sin reproche, y le será dada". Santiago 1:4-5

No tomes decisiones apresuradas sin antes orar y pedirle a Dios la sabiduría que necesitas para tomar esa decisión. Él es fiel y te dará la sabiduría y el entendimiento que necesitas.

Recuerdo una ocasión en la que era tarde por la noche, y estaba lidiando con un fregadero tapado. Llevaba unos 2 años en mi casa, y estaba sola. Era el baño de invitados, que nadie estaba usando. En ese momento, no tenía realmente el dinero para llamar a un plomero de emergencia. Oré y pedí sabiduría para saber cómo arreglarlo o que Dios enviara a alguien que pudiera ayudarme sin que costara mucho. Después de orar, entré al baño y me senté en el suelo, y de repente me di cuenta de que podía girar las conexiones en los dos extremos del sifón. Agarré un balde y comencé a girar esas conexiones. El sifón cayó, y el agua se drenó. Luego, encontré el aislante en el ático que había caído por una tubería de drenaje del sistema de aire acondicionado.

No recibí una respuesta audible de Dios en esa situación, pero Él me guío al ayudarme a ver lo que debía hacer. Me dio la sabiduría que estaba pidiendo en oración. Cuando pasamos tiempo con Él, en Su palabra y en oración, podemos ser guiados a hacer lo que se necesita en cada situación.

Caminando en las promesas de Dios para tu vida

El otro día mi hijo me preguntó: "¿Cómo sabes cuáles son las promesas de Dios?" Mi respuesta fue: "Simple, lee tu Biblia y encontrarás cientos de promesas". Sé que eso puede sonar abrumador, así que le presenté estas cuatro promesas simples encontradas en las Escrituras.

"Nadie te podrá hacer frente en todos los días de tu vida; como estuve con Moisés, estaré contigo; no te dejaré, ni te desampararé". Josué 1:5

"Acérquense a Dios, y él se acercará a ustedes". Santiago 4:8

"Deléitate en el Señor, y Él te concederá los deseos de tu corazón". Salmo 37:4

"Pero busca primero el reino de Dios y su justicia, y todas estas cosas te serán añadidas". Mateo 6:33

El versículo de Mateo 6:33 fue uno de los primeros que memoricé cuando decidí vivir para Dios el resto de mi vida. Puedo decir con total confianza que ha cumplido esta promesa. No soy perfecto al buscar siempre a Dios en todo lo que hago, pero Él ha sido muy fiel y paciente conmigo. Cuando lo hacemos nuestra prioridad, Él abre caminos donde parece no haber ninguno.

Cómo caminar en las promesas de Dios y esperar por ellas

Dios dijo que tiene planes para ti en Jeremías 29:11. Ese versículo siempre me ha dado esperanza, paz y alegría. Un día, mientras seguía leyendo, noté que los versículos 12 y 13 me extendían otra promesa: si invoco al Señor y oro, Él me escuchará. Si lo busco, lo encontraré.

"Entonces me invocarás, vendrás y orarás a mí, y yo te escucharé. Me buscarás y me encontrarás, cuando me busques de todo corazón". Jeremías 29:12-13

Cuando oramos y buscamos a Dios, Él nos escucha. Pero, ¿qué haces cuando no ves las respuestas a tus oraciones? Esperas en Él. Como dije antes, no te apresures a actuar o tomar una decisión. A veces, la espera puede ser muy difícil y puedes empezar a dudar. Pero es en esos momentos cuando necesitas hacer una pausa y buscar a Dios para entender qué está haciendo en esta temporada de espera.

Cuando los israelitas fueron rescatados de Egipto y viajaron hacia la Tierra Prometida, no lo lograron en una semana, un mes o incluso un año. Les tomó 40 años llegar a la Tierra Prometida. Lamentablemente, muchos de ellos no llegaron. Dios necesitaba que muchos de ellos cambiaran su corazón. A pesar de que Dios los rescató, muchos seguían quejándose y murmurando sobre las bendiciones que les había dado. No pudieron esperar a que Moisés regresara, así que fabricaron una estatua de oro en forma de becerro para adorarla, como si fuera un dios. Perdieron todo porque no lograron mantener su mirada en Dios ni confiar en el proceso mientras Él los guiaba hacia la Tierra Prometida.

Cuando oré por una familia, pasaron 7 años antes de que pudiera ver lo que Dios estaba haciendo por mí. Cuando me di cuenta de que tendría hijos a través de la adopción y que serían hermanos, pensé que sabía cómo sucedería eso. Sin embargo, pasaron otros 7 años antes de que finalmente se abriera la puerta, y pudiera abrir mi hogar como madre de acogida. Después de un año de amar a mis hijos y estar lista para dejarlos ir, me fue otorgado el regalo de la adopción, y pude quedarme con los niños que me habían confiado. Hemos sido una familia por 7 años.

Dios estaba en los detalles. Quería ser la mejor madre posible desde el primer día. Si hubiera tenido hijos al principio, nuestra vida no sería lo que es hoy. Tenía que sanar algunas heridas y cambiar ciertas motivaciones egoístas. Necesitaba saber quién era en Cristo antes de poder criar hijos para que vivieran para Dios. Era importante que yo estuviera completa en Cristo antes de intentar criar a los niños. Si no hubiera esperado, no habría tenido lo mejor de Él. Doy todo el agradecimiento y la gloria a Dios por lo que hizo en mí durante el proceso. Definitivamente valió la pena esperar.

Cuando enfocamos nuestros ojos en Dios mientras esperamos en Él, nos posicionamos para estar sometidos a la obra que Él está haciendo en y a través de nosotros. En ese lugar de rendición, hay plenitud de gracia y misericordia. Al rendirnos a Él, encontramos libertad y liberación. Estás entrando en Su presencia.

Vivir tu identidad en la vida diaria y en Él

Has entregado tu vida a Dios y ahora deseas saber cómo vivir esta nueva vida en Cristo al máximo. Su Palabra te ayudará cuando las dudas lleguen y el enemigo intente atormentarte con pensamientos negativos, recordándote que eres una nueva creación y que puedes llevar cautivo todo pensamiento bajo la obediencia de Cristo.

"De modo que si alguno está en Cristo, nueva criatura es; las cosas viejas pasaron; he aquí todas son hechas nuevas". 2 Corintios 5:17

"Destruimos argumentos y toda altivez que se levanta contra el conocimiento de Dios, y llevamos cautivo todo pensamiento para que obedezca a Cristo". 2 Corintios 10:5 NVI

Vivir tu identidad en la vida diaria y en Cristo significa alinear tus acciones, creencias y valores con quien realmente eres, siguiendo las enseñanzas y ejemplos de Jesucristo. Se trata de vivir con autenticidad, integridad y propósito, abrazando tus cualidades y dones únicos, y expresándolos en todas las áreas de tu vida. En Cristo, encuentras tu verdadera identidad como un hijo amado de Dios, perdonado y redimido por Su gracia.

Esto implica reflejar Su amor, compasión y humildad en tus relaciones, buscar la justicia y la misericordia, y ser una fuente de esperanza y aliento para los demás. Es un camino de crecimiento y transformación, permitiendo que el Espíritu Santo te moldee en la persona que Dios te creó para ser. Al vivir tu identidad en Cristo, te conviertes en un testimonio vivo del amor de Dios y un instrumento para Sus propósitos en el mundo.

Versículos bíblicos para reflexionar:

- Salmo 139:16 - "Tus ojos vieron mi embrión, y en tu libro estaban escritas todas aquellas cosas que luego fueron formadas, sin que faltara ni una de ellas".
- Efesios 2:10 - "Porque somos obra suya, creados en Cristo Jesús para buenas obras, las cuales Dios preparó de antemano para que andemos en ellas".
- 2 Corintios 5:17 - "Por lo tanto, si alguien está en Cristo, es una nueva creación; lo viejo ha pasado, y he aquí, todo es hecho nuevo".
- Romanos 8:17 - "Y si somos hijos, también somos herederos; herederos de Dios y coherederos con Cristo, si es que sufrimos junto con Él, para que también seamos glorificados con Él".
- 1 Pedro 2:9 NVI - "Pero tú eres descendencia escogida, sacerdocio real, nación santa, pueblo que pertenece a Dios, para que proclames las obras maravillosas de aquel que te llamó de las tinieblas a su luz admirable".
- Colosenses 3:10 - "Y te has revestido del nuevo, el cual, conforme a la imagen de quien lo creó, se va renovando hasta alcanzar el pleno conocimiento".
- Gálatas 2:20 - "Con Cristo estoy crucificado juntamente, y ya no vivo yo, sino que Cristo vive en mí; y lo que ahora vivo en la carne, lo vivo por la fe

en el Hijo de Dios, quien me amó y se entregó a sí mismo por mí".

Preguntas para reflexionar:

1. ¿De qué manera mi comprensión de mi identidad a los ojos de Dios difiere de los estándares y expectativas del mundo que me rodea?
2. ¿Cómo he permitido que las opiniones y juicios de otros moldeen mi percepción de mí mismo, y cómo puedo alinear mi identidad con la perspectiva de Dios en su lugar?
3. ¿Cuáles son las cualidades y características específicas de mí que creo reflejan la imagen de Dios en mí, y cómo puedo nutrirlas y expresarlas más plenamente?
4. ¿Cómo impacta el conocer y entender mi identidad a los ojos de Dios en la forma en que veo y trato a los demás, así como en cómo me relaciono con el mundo que me rodea?
5. ¿Qué pasos puedo dar para profundizar mi relación con Dios y buscar Su guía constantemente en la comprensión y aceptación de mi identidad en Él?

Abrazar tu identidad como hijo amado de Dios nos anima a encontrar nuestra autocomprensión en nuestra relación con Él, nuestro Creador y Redentor, en lugar de factores externos efímeros. Somos parte de la familia y los planes de Dios, lo que nos ayuda a entender la importancia de Su

Palabra como guía para una vida plena. Al abrazar nuestra identidad en Cristo, recordamos las numerosas promesas bíblicas que aseguran nuestro valor a los ojos de Dios, eliminando la necesidad de validación mundana.

Debemos reconocer nuestro valor desde la perspectiva de Dios. Esto subraya que nuestra importancia y valor están arraigados en haber sido creados a Su imagen y en los roles únicos que estamos llamados a cumplir en Su reino. Nos invita a buscar la guía de Dios para discernir nuestro propósito, asegurándonos de nuestra valía, a pesar de nuestras imperfecciones humanas.

Cuando caminamos en las promesas de Dios para nuestras vidas, aprendemos a identificarlas y a confiar en Su Palabra, sabiendo que Su tiempo perfecto nos prepara para recibir Sus bendiciones.

En el siguiente capítulo, exploraremos cómo abrazar la gracia de Dios y soltar el pasado. Desde entender el poder de Su gracia hasta liberar el arrepentimiento y la culpa que nos detienen, también abordaremos la sanación de heridas y traumas del pasado que nos han mantenido cautivos.

3

ABRAZANDO LA GRACIA DE DIOS PARA SOLTAR EL PASADO

"Y me ha dicho: 'Bástate mi gracia, porque mi poder se perfecciona en la debilidad.' Por lo tanto, de buena gana me gloriaré más bien en mis debilidades, para que repose sobre mí el poder de Cristo".

— 2 CORINTIOS 12:9

COMPRENDER EL PODER DE LA GRACIA DE DIOS

Recuerdo la primera vez que realmente comprendí lo que Dios quiso decir cuando afirmó: "Mi gracia es suficiente, porque mi poder se perfecciona en la debilidad". Fue el día que conocí a mis hijos. Los tres tenían menos de tres años. Estaba sola en casa con ellos. Las primeras horas fueron bien. Uno de ellos estaba aprendiendo a ir al baño, pero accidentalmente cerró la puerta del baño con llave. La siguiente vez que tuvo que ir, tuve que llevarlo al baño de arriba, mientras cargaba al de 1 año y al de 3 meses. En cada viaje, llevaba a dos niños. Como madre soltera primeriza, empecé a cuestionar mis decisiones. Este versículo resonaba en mi mente. Por la tarde, mi vecino pudo venir y abrir la puerta.

Los primeros días fueron realmente difíciles, y no lo negaré. Pero Dios me encontró justo donde estaba y me fortaleció. Su gracia me dio el poder para sobrellevar esos días duros. Me equipó a través de Su Palabra para amarlos como Él los ama. Su unción y compasión me ayudaron a guiarlos a través de un tiempo difícil. Recuerda lo que mencioné antes: si Dios te llama a hacer algo, lo sabrás. Así es como lo supe. Cuando Él me llamó a la adopción, me preparó durante años de viajes misioneros para amar libremente, aun cuando mi corazón se rompía en el proceso. Cada vez que tenía que despedirme de los niños en Guatemala, mi corazón se quebraba. Tuve que aprender a decir adiós y confiar en que Dios sanaría mi corazón cada vez. Confié en que Él me estaba guiando al lugar donde quería que estuviera.

Cuando regresé de mi último viaje misionero, algo cambió en mí. Fue entonces cuando me mostró cómo podía amar también a Sus hijos aquí. Firmé los papeles para comenzar el proceso de ser madre de acogida, ¡y el resto es Su historia! No puedo tomar el crédito por las maravillas que Él ha hecho en mi vida. Solo tuve el corazón para obedecerlo. Para ir a donde Él quería que fuera y hacer lo que Él quería que hiciera.

Moisés, Gedeón y David experimentaron la gracia y el poder de Dios en momentos en que pensaban que no lo lograrían. Moisés tuvo que enfrentarse a Faraón antes de guiar a los israelitas fuera de Egipto. Y no terminó ahí; los egipcios los persiguieron hasta el Mar Rojo. Cuando parecía que iban a ser alcanzados, Dios hizo lo que solo Él podía hacer: dividió el mar y permitió que los israelitas cruzaran en tierra seca. Cuando los egipcios los siguieron, el mar los tragó.

En Jueces capítulo 6, aprendemos sobre Gedeón. Y el ángel del Señor vino a él y le dijo: "El Señor está contigo, valiente guerrero" (Jueces 6:12). Luego el ángel le dijo: "Ve con la fuerza que tienes, y salvarás a Israel de la mano de los madianitas" (Jueces 6:14). La respuesta de Gedeón fue: "Mi Señor, ¿cómo podré salvar a Israel? Mi clan es el más débil de Manasés, y yo soy el menor de la casa de mi padre" (Jueces 6:15). Pero el Señor le dijo: "Yo estaré contigo, y derrotarás a los madianitas como a un solo hombre" (Jueces 6:16).

Dios no quiso que Gedeón fuera a la batalla con los más de 30,000 hombres que se reunieron. Le dijo a Gedeón que enviara a casa a cualquiera que tuviera miedo, y 22,000 hombres se marcharon, quedando solo 10,000. Luego, Dios los puso a prueba, y solo 300 hombres permanecieron. Con esos 300, Dios usó a Gedeón para derrotar al ejército madianita.

David, un pastor armado solo con una honda y algunas piedras, derrotó al gigante Goliat, que portaba una espada. Todo el ejército de Israel tenía miedo de salir a luchar contra el ejército filisteo con su guerrero gigante Goliat. Pero David, un joven conforme al corazón de Dios, oyó lo que Goliat decía del ejército y de su Dios. Con confianza en lo que el Señor había hecho en su camino, se adelantó y le dijo al rey: El Señor que me libró de las garras del león y de las garras del oso, Él me librará de la mano de este filisteo.

La confianza de David no estaba en sus propias fuerzas. Su confianza estaba en el Señor, su libertador. David salió contra Goliat con solo una honda y unas cuantas piedras. Corrió hacia el gigante, lanzó una sola piedra y derrotó a Goliat. Toda la gloria fue dada a Dios en su victoria.

Cuando estés pasando por algo difícil, recuerda que no estás solo. Si clamas a Dios, Él te escuchará. Cuando le busques por sabiduría y guía, Él es fiel para guiarte.

Debemos comprender que cuando las cosas parecen más oscuras, cuando estamos al final de nosotros mismos, solo en Dios encontramos esperanza. Él nos ha dado libre albedrío y el derecho a tomar decisiones por nosotros mismos. A veces, las decisiones que tomamos son equivocadas. No son el mejor camino que deberíamos seguir. Pero por Su gracia, Él nos ayudará a volver al camino correcto cuando se lo pidamos. Nuestras decisiones pueden llevarnos a pasar por cosas difíciles e incómodas, como si no hubiera salida.

La gracia es el favor inmerecido de Dios. Examinar Su Palabra es la mejor manera de comprender la plenitud de Su gracia.

"Porque por gracia somos salvados por medio de la fe; y esto no de nosotros, pues es don de Dios". Efesios 2:8

"Acerquémonos, pues, confiadamente al trono de la gracia, para alcanzar misericordia y hallar gracia para el oportuno socorro". Hebreos 4:16

"Y aquel Verbo fue hecho carne, y habitó entre nosotros (y vimos su gloria, gloria como del unigénito del Padre), lleno de gracia y de verdad". Juan 1:14

"Porque el pecado no tendrá dominio sobre ustedes; pues no están bajo la ley, sino bajo la gracia". Romanos 6:14

"Pero él da mayor gracia. Por esto dice: Dios resiste a los soberbios, y da gracia a los humildes". Santiago 4:6

LIBERAR EL ARREPENTIMIENTO Y LA CULPA A DIOS

Superar el arrepentimiento es clave si queremos ver un cambio en nuestras vidas. Todos hemos estado en situaciones donde hemos dicho cosas que desearíamos no haber dicho o hemos hecho cosas que no deberíamos haber hecho. Los errores, los malos hábitos o no cumplir con nuestros compromisos pueden causar arrepentimiento. Pero, ¿qué es el arrepentimiento? Es un sentimiento de pesar o remordimiento por algo que hiciste, dijiste o por algo que debiste haber hecho, pero no hiciste.

¿Qué te hace sentir arrepentimiento? Un corazón sensible a Dios es lo que te hace sentir ese arrepentimiento. Es la conciencia de lo que está bien y mal.

> "Porque la tristeza que es según Dios produce arrepentimiento para salvación, de que no hay que arrepentirse". 2 Corintios 7:10

> "¿O menosprecias las riquezas de su benignidad, paciencia y longanimidad, ignorando que su benignidad te guía al arrepentimiento?" Romanos 2:4

La bondad de Dios te lleva al arrepentimiento, lo cual te conduce a la salvación. La salvación está en Cristo Jesús, y esto lleva a la sanación y plenitud en Él. A través del arrepentimiento, recibimos el perdón y ya no necesitamos cargar con el peso del arrepentimiento. Caminamos en libertad, gracia, alegría y esperanza.

Superar la culpa: Rompiendo barreras para sentir el perdón

Tómate un momento para pensar en el último año y en cualquier arrepentimiento que puedas tener. Date permiso para ser honesto contigo mismo sobre cómo esos arrepentimientos te han hecho sentir. Imagina que tomas la carga de cada uno de ellos y los pones a los pies de la cruz mientras le pides a Dios que te perdone. Entrégaselos y pídele que te muestre cómo usarlos para Su gloria. Sé que puede parecer extraño que tus arrepentimientos pasados puedan usarse para Su gloria, pero nunca sabes cómo un testimonio de redención puede tocar el corazón de alguien. Ahora que sigues adelante, recuerda que eres perdonado.

> "Si confesamos nuestros pecados, Él es fiel y justo para perdonar nuestros pecados, y limpiarnos de toda maldad". 1 Juan 1:9

> "Ahora, pues, ninguna condenación hay para los que están en Cristo Jesús". Romanos 8:1

Mira algunos ejemplos de la Biblia de hombres que, aunque tenían grandes razones para arrepentirse, no se quedaron atrapados en el arrepentimiento. Al arrepentirse y pedir perdón a Dios, pudieron seguir adelante y ser grandemente usados por Él.

Moisés mató a un egipcio y escondió el cuerpo, y cuando alguien lo mencionó al día siguiente, huyó. Aun así, Dios usó a Moisés para liberar a los israelitas de Egipto.

David tomó a la esposa de otro hombre y luego lo hizo matar en la batalla.

Pablo, que antes se llamaba Saulo, perseguía y mataba cristianos hasta que tuvo un encuentro directo con Jesús. Cuando sus ojos fueron abiertos y creyó en él, empezó a predicar el evangelio a los gentiles.

Recuerda estas palabras de Pablo en Filipenses 3 cuando te sientas atrapado pensando en tus arrepentimientos pasados.

> "No que lo haya alcanzado ya, ni que ya sea perfecto; sino que prosigo, por ver si logro asir aquello para lo cual fui también asido por Cristo Jesús. Hermanos, yo mismo no pretendo haberlo ya alcanzado; pero una cosa hago: olvidando ciertamente lo que queda atrás, y extendiéndome a lo que está delante, prosigo a la meta, al premio del supremo llamamiento de Dios en Cristo Jesús". Filipenses 3:12-14

No podemos reescribir la historia. No podemos cambiar el pasado.

Voy a listar algunas mentiras que el enemigo te dirá mientras intentas avanzar. Esto fue lo que me impidió caminar en la plenitud de la gracia y misericordia de Dios. Sí, mi pecado merecía la muerte, pero Cristo pagó el precio por mí para que yo pudiera ser perdonado y tener una relación eterna con el Padre.

Mentira #1 ¡Mi pecado fue demasiado grande! Dios nunca podría perdonarme por eso.

Mentira #2 No he sido castigado lo suficiente por lo que hice. Debería sufrir por lo que le hice a alguien más.

Mentira #3 Quizá Dios me ha perdonado, pero ¿cómo podría perdonarme a mí mismo?

Mentira #4 Dios no ha terminado de castigarme porque todavía estoy sufriendo las consecuencias de mi pecado.

Mentira #5 ¿Cómo puedo perdonar a Dios cuando me han pasado tantas cosas en la vida?

Querido, no estás solo. Hoy en día, muchos cristianos han sufrido por cosas que les han hecho o por la culpa de cosas que han hecho a otros. El enemigo quiere mantenerte atado a estas mentiras para que no puedas avanzar hacia el perdón, la gracia y la misericordia que Dios tiene para ti.

Con el perdón viene la libertad. Dios te ha perdonado. Él ya pagó el precio con la vida de Su Hijo.

SANANDO HERIDAS Y TRAUMAS DEL PASADO

José fue vendido como esclavo por sus hermanos para deshacerse de él. Pero lo que el enemigo planeó para mal, Dios lo usó para bien. José ya había recibido visiones del Señor a través de sueños, y aunque no los entendía del todo, la dificultad de ser vendido como esclavo seguía siendo muy real. Tenía todas las razones para estar enojado con sus hermanos. Sin embargo, al leer la historia de José, verás que el favor y la gracia de Dios estaban sobre él.

Aunque era un esclavo, fue puesto a cargo de los demás esclavos, y Dios lo prosperaba en todo lo que hacía en la casa de Potifar. Pero el enemigo volvió a atacarlo, y José terminó en la cárcel por algo que no hizo. Dios seguía con él, y en la cárcel encontró el favor de los guardias. Con el tiempo, conoció a alguien que pudo interceder ante el faraón por él, y José se convirtió en el segundo al mando después del faraón. Esto permitió la liberación de los israelitas de una hambruna que estaba por venir.

En la Biblia hay dos pasajes que son fundamentales para una comprensión bíblica del trauma. Ambos fueron escritos por David. Si analizas la vida de David, podrías considerarlo una de las personas más traumatizadas de la Biblia, después de Jesús. Constantemente era atacado por otros con un espíritu de celos, y lo atacaban por su fe en Dios. Veamos estos dos versículos y cómo él describe su confianza en Dios para la sanación y la liberación de un corazón roto.

"El Señor está cerca de los que tienen el corazón destrozado; Él salva a los de espíritu abatido. Muchas son las aflicciones del justo, pero el Señor lo librará de todas ellas". Salmos 34:18-19

"Sana a los quebrantados de corazón y venda sus heridas". Salmos 147:3

Esta promesa de que Él sanará tu corazón roto es una promesa para hacerte completo de nuevo. Me imagino al Alfarero sentado en su rueda, mojando las piezas de barro roto y uniéndolas de nuevo. Solo que esta vez, el barro se vuelve más fuerte al ser mojado con sus lágrimas. Él le presta una parte de sí mismo al vaso que está reparando, dándole una fuerza que no tenía antes. El vaso se convierte en un vaso de honor, que puede ser usado por Él y reflejarlo a Él.

Identificar las heridas emocionales en nosotros es vital si queremos acudir a nuestro Gran Médico. Debemos identificar los síntomas y reconocerlos por lo que son: un síntoma. Si te cortas el brazo y no lo cuidas, el sangrado puede detenerse, pero si no aplicas el ungüento y la venda, ¿cómo evitarás que se infecte?

Lo mismo sucede con las heridas emocionales. Si no las llevas a Dios, se convierten en una infección dentro de ti, que produce los síntomas que estamos a punto de revisar.

- Amargura
- Falta de perdón
- Hipersensibilidad por cosas del pasado
- Estallidos emocionales de ira y rabia
- Sentimientos de falta de amor
- Irritabilidad
- Escapismo

Para encontrar una verdadera sanación de estas heridas internas o traumas del pasado, primero debemos ser honestos con nosotros mismos y con la forma en que hemos reprimido estas cosas. Sabemos que hay una herida que queremos sanar, pero a veces tenemos miedo de mirar al pasado por el dolor que podemos sentir en el proceso. ¿Hay alguien en tu pasado que te lastimó, física o emocionalmente? Reconocer esto es el primer paso hacia la sanación. ¿Qué cosas no has dejado ir que te hacen sentir herido o te llevan a aferrarte al resentimiento en tu corazón? No excuses lo que te hicieron. Ser honesto acerca de lo que sucedió y cómo te hizo sentir es muy importante.

Es crucial que llegues a la raíz y las razones específicas por las cuales estas heridas no han sanado. Al igual que una herida física puede infectarse, tus heridas emocionales pueden infectarse si no se sacan a la luz.

Las bacterias y las infecciones crecen en lugares oscuros. Traerlas a la luz de Jesús es la única manera de encontrar la verdadera sanación.

La clave fundamental para la sanación interior es saber que Dios te ama y ya te ha perdonado. Él está ahí, con los brazos abiertos, aceptándote. Te acepta tal como eres, pero no te dejará como eres porque quiere que estés sanado y completo en Jesús.

Las claves para la sanación interior provienen de tu comprensión de Dios y de cómo Él se siente acerca de ti y tu sanación.

- Dios te ama
- Dios te perdona
- Dios no está enojado ni decepcionado contigo
- Dios es la fuente de tu sanación
- Dios es la fuente de tu liberación

"Ciertamente llevó Él nuestras enfermedades, y sufrió nuestros dolores; y nosotros le tuvimos por azotado, por herido de Dios y abatido. Mas él herido fue por nuestras rebeliones, molido por nuestros pecados; el castigo de nuestra paz fue sobre Él, y por su llaga fuimos nosotros curados". Isaías 53:4-5

Permite que Dios sane las heridas ocultas. Permítete ser abierto con Dios. Porque somos su obra maestra, creados en Cristo Jesús para buenas obras. A través del perdón de nuestros pecados, nos convertimos en nuevas creaciones. Permítele crear algo nuevo en ti mientras sueltas las cargas que nunca debiste cargar.

Versículos bíblicos para reflexionar:

- Isaías 43:18-19 - "No se acuerden de las cosas pasadas, ni traigan a memoria las cosas antiguas. He aquí, yo hago algo nuevo; pronto saldrá a la luz, ¿no lo perciben? Una vez más abriré camino en el desierto y ríos en lugares desolados".
- Salmo 103:12 - "Tan lejos como está el oriente del occidente, así alejó de nosotros nuestras rebeliones".
- Filipenses 3:13-14 - "Hermanos, yo mismo no pretendo haberlo ya alcanzado; pero una cosa hago: olvidando lo que queda atrás y extendiéndome hacia lo que está adelante, sigo avanzando hacia la meta, al premio del supremo llamamiento de Dios en Cristo Jesús".
- Mateo 6:14-15 - "Porque si perdonan a las personas sus ofensas, también los perdonará a ustedes su Padre celestial; pero si no perdonan a las personas sus ofensas, tampoco su Padre les perdonará a ustedes sus ofensas".

Preguntas para reflexionar:

1. ¿Qué experiencias o errores del pasado me resultan difíciles de dejar ir y aceptar plenamente la gracia de Dios?
2. ¿Cómo ha afectado el mantenerme aferrado al peso de mi pasado mi crecimiento, alegría y capacidad para experimentar la plenitud de la gracia de Dios en mi vida?
3. ¿Qué temores o creencias podrían estar impidiéndome aceptar y abrazar plenamente el perdón y la redención de Dios para mi pasado?
4. ¿De qué maneras puedo practicar activamente la autocompasión y extenderme la misma gracia que Dios ofrece, permitiéndome sanar y avanzar?
5. ¿Qué pasos prácticos puedo tomar para rendir mi pasado a Dios, liberar cualquier carga o vergüenza, y abrazar Su gracia para vivir plenamente en el presente y en el futuro que Él tiene para mí?

Cuando comenzamos a entender el poder de la gracia de Dios, reconocemos la naturaleza profunda, solidaria y fortalecedora de Su gracia, especialmente durante períodos de dificultades o adversidad personal. La gracia de Dios es una herramienta poderosa a la que podemos recurrir en tiempos desafiantes, proporcionando fortaleza cuando nos sentimos débiles o abrumados.

Superar la culpa es necesario para derribar las barreras para sentirnos perdonados. Cuando practicamos entregar nuestros arrepentimientos a Dios y pedir Su perdón, esto conduce a la libertad de la condena.

Para sanar las heridas y traumas del pasado, debemos identificar y enfrentar las heridas emocionales, incluyendo la amargura, la falta de perdón y los sentimientos de no ser amado. Estas heridas son síntomas de un trauma interno no sanado. Comprender el amor de Dios, Su perdón y Su papel como fuente de sanación y liberación es crucial para la sanación interior.

En el siguiente capítulo, nuestro enfoque estará en el perdón. Aprenderemos por qué es tan importante soltar resentimientos y ofensas hacia los demás, entender el poder del perdón de Dios y el cómo extenderlo a los demás.

4

APRENDER A PERDONAR COMO HAS SIDO PERDONADO

> *"Sopórtense unos a otros y perdónense si alguno tiene una queja contra otro. Perdona como el Señor te perdonó".*

— COLOSENSES 3:13

EL PODER TRANSFORMADOR DEL PERDÓN

¿Qué es el perdón? Es soltar el enojo o el resentimiento que llevas dentro debido a lo que alguien te hizo. Es recuperar el control de la persona que te hirió. El verdadero perdón puede, de hecho, despertar profundas emociones de entendimiento y compasión hacia quien te causó el dolor.

Es importante señalar que no implica olvidar o justificar el mal que te hicieron. Además, el perdón no siempre requiere reconciliación con la persona responsable del daño. Más bien, otorga una paz única que te permite redirigir tu enfoque hacia tu propio crecimiento personal y resiliencia, capacitándote para continuar tu camino en la vida.

Algunos de los beneficios de perdonar a alguien comienzan con la paz mental. Cuando lo dejas ir y permites que Dios te ayude, Él te da Su paz que sobrepasa todo entendimiento. Al comenzar a caminar en esa paz, tu salud puede mejorar en áreas como tu sistema inmunológico y presión arterial. Tu salud mental también empieza a mejorar al reducir la ansiedad, el estrés y la depresión.

Veamos algunos versículos sobre el perdón:

"Porque si perdonas a los demás sus ofensas, también tu Padre celestial te perdonará a ti; pero si no perdonas sus ofensas, tampoco tu Padre perdonará las tuyas". Mateo 6:14-15

"Desháganse de toda amargura, enojo, ira, gritos y calumnias, así como de toda malicia. Más bien, sean bondadosos y compasivos unos con otros, perdonándose mutuamente, como Dios también los perdonó a ustedes en Cristo". Efesios 4:31-32

Así como Cristo te perdonó. Si no perdonamos a los demás, Dios no puede perdonarnos a nosotros.

Una cosa que he aprendido acerca del perdón es que una vez que tomo la decisión de perdonar, también debo decidir dejar de hablar sobre ello. Fíjate nuevamente en Efesios 4:31: "Deshágans de toda amargura, enojo, ira, gritos y calumnias".

Si retrocedes unos versículos en Efesios 4 y miras los versículos 29 y 30, te ayudan a poner estos en contexto.

> "Que no salga de tu boca ninguna palabra corrupta, sino solo la que sea buena para la necesaria edificación, a fin de beneficiar a los oyentes. Y no entristezcan al Espíritu Santo de Dios, con el cual fueron sellados para el día de la redención". Efesios 4:29-30

Mira, cuando tomas la decisión de perdonar a alguien, debes dejar de hablar de eso. No debes hablar mal de esa persona. Como dije antes, no tienes que ser su amigo; no tienes que reconciliarte, pero sí debes perdonar. El enemigo usará tus palabras si empiezas a hablar de esa persona, para avivar tu enojo y resentimiento una y otra vez. Parte de ese dolor puede quedarse contigo por el resto de tu vida, pero con el tiempo y la gracia de Dios, serás capaz de salir victorioso hasta que se convierta solo en un recuerdo que has superado.

¿Por qué es tan fácil guardar rencor?

Guardar rencor es a menudo un camino fácil debido a varios factores. En primer lugar, la naturaleza humana tiende a amplificar las experiencias negativas porque eso es lo que el enemigo quiere que hagas. El miedo a la vulnerabilidad y al daño futuro también contribuye, ya que guardar rencor puede actuar como un mecanismo de protección. Superar estas tendencias y elegir el perdón requiere esfuerzo, empatía y autorreflexión, lo cual a menudo implica dejar a un lado el orgullo, abrazar la vulnerabilidad y buscar el crecimiento personal.

¿Cuáles son los efectos de guardar rencor?

Si te resulta difícil soltar y perdonar a alguien, piensa en el peso de guardar rencor como si fuera una maleta llena de todo el dolor y la ofensa de la situación. Algunas personas lo llaman "cargar con un equipaje extra". Cuando no sueltas el dolor ni perdonas, eliges cargar esa maleta contigo a donde vayas. La llevas a nuevas relaciones. Podrías llevarla al trabajo. Incluso podrías llevártela de vacaciones. Está ahí, esperando ser desempacada y revivida una vez más. ¿Es eso lo que realmente quieres? ¿Aferrarte a ella y cargarla durante el resto de tu vida?

Ahora imagina tener que sostener esa maleta en el aire durante una hora entera. Probablemente, después de 30 minutos, ya la habrías cambiado de mano varias veces y sentirías que la maleta se hace más pesada con cada minuto que pasa. Cuando elegimos perdonar, soltamos esa maleta. La dejamos a los pies de la cruz y decimos: "Señor, así como Tú me has perdonado, yo elijo perdonar a esta persona. Ayúdame a dejar esta carga y no volver a recogerla".

> "Vengan a mí todos los que están cansados y cargados, y yo les daré descanso. Lleven mi yugo sobre ustedes y aprendan de mí, que soy manso y humilde de corazón, y encontrarán descanso para sus almas; porque mi yugo es fácil y ligera mi carga". Mateo 11:28-30

¿Crees que Jesús podría estar llamándote en Mateo 11:28-30? ¿Te ha pesado tanto la carga del resentimiento que te sientes agobiado? ¿Te gustaría encontrar descanso? Él está aquí para ti. Perdona y comienza a descansar en Él.

¿Cómo puedo avanzar hacia un estado de perdón?

Avanzar hacia un estado de perdón implica varios principios clave. Primero, es esencial reconocer nuestra propia necesidad de perdón y darnos cuenta de la magnitud del perdón de Dios hacia nosotros. Este entendimiento ayuda a cultivar un corazón humilde y compasivo. La oración juega un papel crucial al buscar la guía y la fortaleza de Dios para extender el perdón. Meditar en la Palabra de Dios, especialmente en las enseñanzas sobre el perdón y el amor, también puede transformar nuestra mentalidad. Además, el perdón requiere dejar ir la amargura y reemplazarla con bondad y compasión. Finalmente, imitar a Jesucristo, quien perdonó a sus enemigos, aquellos que lo crucificaron, nos sirve como un ejemplo poderoso en nuestro propio camino hacia el perdón.

¿Qué pasa si no puedo perdonar a alguien?

Perdonar a alguien que no ha pedido perdón puede ser muy difícil. Pero así como Jesús perdonó a toda la humanidad mientras era clavado en la cruz, nosotros debemos tomar la decisión, como Él, de perdonar. Porque al perdonar, podemos ser perdonados. Si te cuesta perdonar a alguien, tómate un momento para pensar en situaciones en las que tú has sido perdonado. Considera por un momento que puede haber habido influencias externas que llevaron a esa persona a actuar de la manera en que lo hizo. Esto no justifica que te hayan tratado mal. Pregúntate cómo habrías respondido tú en su lugar.

El perdón es un proceso que debemos transitar. Cuando elegimos entregarlo a Dios, debemos hacer todo lo posible por caminar en amor hacia ellos. Recuerdo una vez en la que estaba lidiando con mucho dolor en mi corazón por la forma en que alguien me estaba tratando. Me sentía rechazada y no amada. Cuando me tomé el tiempo para orar y realmente buscar a Dios sobre lo que necesitaba hacer, Él me ayudó a entender que debía perdonar, amar y orar por esa persona. No tenía que mantener una relación cercana con ellos. Lo hermoso de este testimonio es que Dios ayudó a restaurar esa relación. Cuando lo ponemos en Sus manos, Él sabe cómo manejar la situación de la manera correcta. Yo ya estaba lista para rendirme, pero Él sabía el valor de la restauración. Él lo sabe porque pagó el precio al dar a Su propio Hijo para que pudiéramos ser restaurados a Él.

¿Qué pasa si la persona a la que perdono no cambia?

El cambio de la otra persona no es el objetivo. Puedes orar todo el día para que otra persona cambie, pero no verás resultados. Cuando dejes de pensar que esa persona debe cambiar y comiences a orar POR ella, y no SOBRE ella, Dios podrá obrar tanto en ti como en esa persona.

Aunque aún no estoy casada, compré el libro de Stormie Omartian, *"El poder de la esposa que ora"*. Me pareció interesante que su primer capítulo tratara sobre orar por la esposa de tu esposo. Así es, lo leíste bien. A medida que lo leía, ella menciona cómo no verás cambios en otra persona si primero no estás dispuesto a examinar la actitud de tu propio corazón. Debes entregarle todo a Dios: el dolor, la ira, el resentimiento, siendo completamente honesta. Solo entonces verás el cambio que estás buscando.

Cuando le entregas todo a Dios y estás dispuesto a pedirle que te ayude con tu propio corazón, Él puede obrar entre ustedes. Esto se aplica a todas las personas que te hayan herido u ofendido. Pídele a Dios que sane tu corazón para que puedas orar por ellas con la actitud correcta. Ora para que tengas el corazón adecuado para orar por ellas, incluso si no deseas tener una relación con esas personas.

¿Qué pasa si soy yo quien necesita perdón?

Recuerda que, así como tú debes pasar por un proceso para perdonar a alguien, la persona a la que hayas dañado también necesitará hacer lo mismo. Tómate un tiempo para ser honesto contigo mismo sobre la situación. No te juzgues con demasiada dureza y, cuando te acerques a pedir perdón, sé sincero. Permite que la otra persona vea que realmente lo sientes, y no pongas excusas. Ayúdales a ver que estás asumiendo la responsabilidad por tus acciones. Si no reciben bien tu disculpa, dales tiempo y ora para que Dios sane su corazón y mente, y elimine cualquier ofensa.

ENTENDIENDO EL PERDÓN DE DIOS Y EXTENDIÉNDOLO A LOS DEMÁS

A medida que comenzamos a comprender plenamente la profundidad del perdón que se nos da en Cristo, debemos aprender a extender el mismo perdón a los demás. En 2 Timoteo 2:1, la carta de Pablo a Timoteo comienza con: "Tú, pues, hijo mío, esfuérzate en la gracia que es en Cristo Jesús". Él le está diciendo a Timoteo que sea fuerte en la gracia, así como Cristo fue fuerte en gracia hacia los demás. En el versículo 3, Pablo continúa diciendo: "Tú, pues, soporta las aflicciones, como buen soldado de Cristo Jesús".

Cualquier buen soldado sabe que sigue a su líder en la batalla. Jesús es nuestro líder, pero no estamos luchando contra personas, estamos lidiando con una batalla espiritual. Me recuerda a mis hijos cuando se meten en problemas o piensan que están en problemas; me dicen: "No quise hacerlo. Lo siento, solo dame otra oportunidad y lo haré mejor". Lo que están pidiendo es gracia. Cometieron un error e hicieron algo que podría molestarme. En ese momento, podría seguir enojada al respecto o podría mostrar gracia, perdonarlos y seguir adelante.

Hay un acróstico en idioma inglés que me encanta sobre la Gracia: las riquezas de Dios a expensas de Cristo (God's riches at Christ's expense= GRACE). Cuando ves la gracia desde esa perspectiva, recordando todo lo que Cristo soportó por ti, ¿cómo podemos extender ahora la misma gracia a los demás? Nuestra salvación fue pagada en la cruz. Fue para el perdón de nuestros pecados. No la ganamos. Es un regalo de Dios.

Si Dios te ha perdonado por cada pecado que has cometido, y me refiero a cada pecado, ¿qué estás guardando contra alguien más? La amargura y el resentimiento deben ser tratados. No quieres aferrarte a ellos. ¿Estás resentido con tus padres por cómo te criaron? ¿Pensando que no te amaron lo suficiente, que no se preocuparon lo suficiente o que no hicieron esto o aquello que sientes que te falta? Déjame decirte ahora que no minimizo tu situación. Es posible que hayas experimentado algún tipo de abuso y eso no es aceptable. No estoy excusando eso en absoluto. Fue real y, con suerte, estás trabajando en sanar ese trauma. Oro para que busques la ayuda adecuada que te guíe en el proceso. Parte de tu sanación vendrá a través del perdón.

Lo que te pido es que consideres algo sobre tus padres. ¿Cómo fue su infancia? ¿Sus padres los criaron de la misma manera en que tú fuiste criado? Si miras hacia atrás, generacionalmente, suele haber un patrón en la crianza. Tus padres modelaron lo que ellos recibieron como modelo. Sus padres modelaron lo que ellos vivieron, y así sucesivamente.

Solía mantener una forma de juicio hacia mis padres de la que me arrepiento profundamente. Algunos de los errores que cometieron fueron simplemente eso, errores. No estaban tratando de arruinar mi vida y no hicieron nada con malicia hacia mí. Estaban haciendo lo mejor que podían para sobrevivir en un mundo en constante cambio. Amaron como fueron amados. Me criaron tratando de hacerlo mejor que sus padres, así como yo trato de hacerlo mejor con mis hijos. Hicieron lo que sabían o aprendieron a hacer, y yo soy más fuerte por eso.

Cometo errores en la crianza de mis hijos y a veces siento que les he fallado. Cuando reconozco lo que hice mal, hago todo lo posible por regresar y hacerles saber que puede que no haya manejado algo bien o de la manera correcta, pero que los amo, y les pido que me perdonen. Debemos otorgar esa misma gracia a nuestros padres, quienes hicieron lo mejor que pudieron con lo que tenían y trataron de criarnos de la mejor manera. A veces sintieron que nos fallaron porque no pudieron proporcionar o ser todo lo que necesitábamos que fueran.

Considera este punto en todas tus relaciones. La otra persona podría estar atravesando algo. Puede que no lo sepan debido a las diferencias culturales. Sea lo que sea que hayan hecho para causarte ofensa, amargura o resentimiento, ¿vale la pena mantenerlo, o podrías elegir perdonar, porque es una elección, y permitir que haya paz entre ustedes?

¿Qué es la amargura?

Si tuviera que definir la amargura según el Diccionario Merriam-Webster, se caracteriza por intensidad o severidad (como el dolor o el odio). La amargura es una carga dura o pesada de llevar. En la Biblia, aprendemos que parte de la cena de la Pascua consistía en hierbas amargas. Esto se usaba para recordarles la amargura de la esclavitud en la que habían estado durante los últimos 400 años y para recordarles cuán terribles eran las cosas antes.

Por un momento, piensa en lo que es volverse amargado por algo que se te ha hecho. Cada vez que piensas en ello, te deja con resentimiento y enojo. O, como se dice, deja un sabor amargo en tu boca. Por eso, la amargura es un mal sabor que no se va rápidamente. Persistente, distorsiona el sabor de otras cosas. Desafortunadamente, la amargura va más allá de eso. Cuando se arraiga profundamente en tu corazón, puede afectar tu bienestar y la forma en que interactúas con los demás. No solo afecta a la persona que te hizo daño; empieza a afectar a otras personas en tu vida.

Desglosemos algunos puntos clave sobre el perdón:

- **El perdón va más allá de olvidar o excusar:** Perdonar a alguien no se trata de pretender que las acciones dañinas nunca ocurrieron o de hacer excusas por los agravios. Implica reconocer el daño, pero elegir liberar las emociones negativas asociadas a él.
- **Dejar ir la ira, el resentimiento y la venganza:** El perdón implica trabajar activamente en liberar los sentimientos de ira, resentimiento y el deseo de venganza hacia la persona que causó el daño. Se trata de liberarse de la carga de llevar estas emociones negativas.
- **Extender amor y misericordia:** El verdadero perdón implica mostrar compasión y extender amor y misericordia hacia la persona que nos hirió. Es un acto de desinterés y de disposición a ver la humanidad en los demás, sin importar sus acciones.
- **Perdonar porque Dios nos ha perdonado:** En muchas enseñanzas, el perdón está a menudo ligado a la comprensión de que Dios ha perdonado a la humanidad por sus errores y pecados. Por lo tanto, se anima a los creyentes a seguir el ejemplo de Dios y extender el perdón a los demás.

El perdón puede ser un proceso desafiante y transformador. Es un viaje personal que permite a las personas sanar de heridas emocionales, trayendo consigo crecimiento y comprensión. Al elegir el perdón, las personas pueden romper el ciclo de negatividad y encontrar paz dentro de sí mismas y en sus relaciones con los demás.

EL PLAN DE DIOS PARA EL PERDÓN

Dios nos muestra su plan para el perdón a través de Su Palabra. Veamos las siguientes escrituras:

"Y perdónanos nuestras deudas, como también nosotros perdonamos a nuestros deudores". Mateo 6:12

"Vístanse, pues, como escogidos de Dios, santos y amados, con entrañable misericordia, bondad, humildad, mansedumbre y paciencia; soportándose unos a otros y perdonándose mutuamente si alguno tiene una queja contra otro. Así como Cristo los perdonó, así también hagan ustedes". Colosenses 3:12-13

"No juzguen y no se les juzgará. No condenen y no se les condenará. Perdonen y se les perdonará". Lucas 6:37 NVI

"Por lo tanto, si estás presentando tu ofrenda en el altar y allí recuerdas que tu hermano tiene algo contra ti, deja tu ofrenda allí delante del altar. Ve primero y reconcíliate con tu hermano; luego vuelve y presenta tu ofrenda". Mateo 5:23-24 NVI

No importa lo que hagas, llévalo a la Palabra de Dios, ora al respecto y pídele que te ayude a elegir el perdón. Incluso pídele que te ayude a establecer límites saludables si eso es lo que necesitas. Si deseas ver una restauración, pídele que te guíe en lo que necesitas hacer para lograrlo. Pero, sobre todo, confía en Él y recuerda que no estás solo en este camino.

Pensamientos para ayudarte a perdonar a otros

Algunas cosas a considerar cuando te resulta difícil perdonar a alguien.

- Si tuvieras que hacer una lista de los diez principales pecados que has cometido contra Dios, y aun así Él te perdonó, ¿no crees que podrías extender el mismo perdón a alguien que te hirió?
- Si Dios te dice en Mateo 5:23-24 que debes perdonar cualquier ofensa antes de presentar una ofrenda en el altar, así como es importante arrepentirse si has hecho algo a alguien más. Solo puedes controlar tu corazón y las decisiones que tomas.
- Puede parecer imposible perdonar a alguien con tus propias fuerzas. Por eso Dios nos dio el Espíritu Santo. Jesús le dijo a la gente en Mateo 19:26: "Para

los hombres esto es imposible, pero para Dios todo es posible". Él te ayudará.

Versículos bíblicos para reflexionar:

- Mateo 6:15 - "Pero si no perdonan a otros sus ofensas, tampoco su Padre perdonará a ustedes las suyas".
- Marcos 11:25 - "Y cuando estén orando, si tienen algo contra alguien, perdónenlo, para que también su Padre que está en el cielo perdone a ustedes sus ofensas".
- Efesios 4:32 - "Más bien, sean bondadosos y compasivos unos con otros y perdónense mutuamente, así como Dios los perdonó a ustedes en Cristo".
- Lucas 6:37 - "No juzguen y no se les juzgará. No condenen y no se les condenará. Perdonen y se les perdonará".

Preguntas para reflexionar:

1. ¿En qué áreas de mi vida tengo más dificultades para extender el perdón a los demás, a pesar de haber experimentado el perdón de Dios en mi propia vida?
2. ¿Cómo afecta el aferrarme al resentimiento y la falta de perdón a mi bienestar, mis relaciones y mi crecimiento espiritual?

3. ¿Qué lecciones puedo aprender al reflexionar sobre la profundidad y magnitud del perdón de Dios hacia mí, y cómo puedo aplicar esas lecciones para extender el perdón a los demás?

4. ¿Hay algún concepto erróneo o barrera que necesito abordar para abrazar y practicar plenamente el perdón tal como he sido perdonado por Dios?

5. ¿Cómo puedo cultivar un corazón de perdón y compasión, no solo para aquellos que me han herido directamente, sino también para aquellos que pueden encontrar más difícil perdonar o que han causado daño a mayor escala?

En este capítulo, discutimos la naturaleza del perdón, describiéndolo como un acto de liberar el resentimiento o la ira hacia alguien que te ha causado daño, no para olvidar o justificar sus acciones, sino como una herramienta para recuperar el control y enfocarse en el crecimiento personal. El perdón no necesariamente requiere reconciliación, pero trae una comprensión profunda, compasión y una paz única. Los beneficios del perdón son extensos, impactando tanto en la salud física como la mental al reducir el estrés, la ansiedad y la depresión, y potencialmente mejorando la función inmune y la presión arterial. Nos basamos en escrituras bíblicas para subrayar el mandato divino del perdón, enfatizando que no perdonar no solo interrumpe nuestra relación con Dios, sino que también alimenta el resentimiento y la ira.

Aprendimos que debemos soltar este peso de la falta de perdón, dejándolo a los pies de la cruz como un medio para alcanzar descanso y alivio. A medida que entendemos el perdón de Dios y lo extendemos a los demás, debemos modelar la vida de Jesús, encarnando la fortaleza en la gracia y la resistencia en las dificultades, para luchar en las batallas espirituales, incluyendo el perdonar a quienes nos han hecho daño. Con la ayuda de Dios, todo es posible. Busca la guía de Dios para establecer límites saludables y trabaja hacia la reconciliación cuando sea posible. No estás solo en este viaje.

El amor de Dios que sobrepasa todo entendimiento se tratará en el próximo capítulo. Aprenderemos cómo derribar las barreras para recibir el amor incondicional de Dios, lo que nos permitirá amar a los demás tal como Él nos ama.

5

ABRIENDO TU CORAZÓN AL AMOR DE DIOS

"Por lo cual estoy convencido de que ni la muerte, ni la vida, ni ángeles, ni principados, ni potestades, ni lo presente, ni lo por venir, ni lo alto, ni lo profundo, ni ninguna otra cosa creada podrá separarnos del amor de Dios, que es en Cristo Jesús, nuestro Señor".

— ROMANOS 8:38-39

EXPERIMENTANDO LA PROFUNDIDAD DEL AMOR DE DIOS

Debes experimentar el amor de Dios para entenderlo completamente. No hay límites para su amor. No hay pecado tan grande que haga que Dios cambie su amor por ti. En el Salmo 103:12 se nos recuerda: "Tan lejos como está el oriente del occidente, así alejó de nosotros nuestras transgresiones". Ese es su regalo para nosotros, su gracia y perdón. Remueve el pecado y la vergüenza. No hay condenación en Cristo, según Romanos 8:1.

Como madre, es un poco más fácil entender este amor. No importa cuán mal se comporte tu hijo, tú sigues amándolo. Antes de adoptar a mis hijos, a veces sentía que mi comportamiento o mi actitud podían hacer que perdiera una parte del amor de Dios. Como si cada vez que hacía algo mal, Dios me amara menos. Eso era porque había experimentado el amor condicional de las personas en mi vida. Si alguien decidía que ya no me amaba, se iba, y nada de lo que hiciera podría hacer que me amaran de nuevo.

Sin embargo, con mis hijos, veo cómo el amor de Dios supera todo entendimiento. No podría imaginar no amarlos. Mi amor por ellos es más profundo que cualquier amor que haya conocido antes, y eso es solo porque he experimentado su gran amor por mí. No importa lo que hagan, no los amo menos. No amo el comportamiento rebelde, pero los amo igual.

Hay un dicho: "Odia el pecado, no al pecador". Todos somos pecadores y tenemos una naturaleza pecaminosa a través de Adán. Sin embargo, a través de Cristo, todos hemos sido redimidos. Recuerda Juan 3:16-17: "Porque de tal manera amó Dios al mundo, que ha dado a su Hijo unigénito, para que todo aquel que en él cree, no se pierda, mas tenga vida eterna. Porque no envió Dios a su Hijo al mundo para condenar al mundo, sino para que el mundo sea salvo por él".

¿Qué nos enseña la Escritura sobre el amor de Dios hacia nosotros?

Primero, veamos al hijo pródigo, ya que muchos de nosotros podemos relacionarnos con dejar el hogar y vivir la vida que queríamos, sin considerar el precio que nuestros padres pagaron para ayudarnos a crecer y convertirnos en adultos responsables y maduros. Teníamos todas las respuestas sin los recursos propios. La historia del hijo pródigo, mencionada en Lucas 15:11-32, nos habla de un hijo que fue a su padre y le exigió recibir toda su herencia. El padre le dio su herencia, y él se fue y la malgastó en fiestas y una vida recia. Cuando llegó una gran hambruna y ya no tenía dinero, terminó tomando un trabajo alimentando cerdos. Y cuando tenía mucha hambre, recordó que todos los siervos de su padre tenían más que suficiente para comer. Entonces decidió regresar y convertirse en siervo de su padre. Y cuando aún estaba lejos, su padre lo vio y tuvo compasión. (Paráfrasis del autor)

Dice que mientras aún estaba lejos, su padre lo vio. Eso significaba que su padre había estado esperando su regreso. Y su padre no lo convirtió en siervo. Celebró el regreso de su hijo y le dio su anillo, sus sandalias y una túnica para marcarlo como hijo. Mató el becerro más gordo y organizó una fiesta. Ahora no entraremos en lo que el hermano tuvo que decir sobre eso, pero mi punto aquí es que el padre, al igual que Dios, siempre está esperando por nosotros. Cuando nos alejamos de Él, no nos da la espalda como nosotros lo hemos hecho con Él. Él está siempre presente y siempre vigilando. Es su gran amor por nosotros lo que hace que nunca se rinda con nosotros.

Él también quiere que amemos como Él ama. Crecer como una persona amorosa depende de que conozcas y creas en el gran amor de Dios por ti. ¿Cómo sabrás o llegarás a creer que Él te ama tan profundamente? Debes pasar tiempo leyendo las Escrituras.

"Y nosotros hemos conocido y creído el amor que Dios tiene para con nosotros. Dios es amor; y el que permanece en amor, permanece en Dios, y Dios en él". 1 Juan 4:16

Jesús no solo oró por los discípulos, Él oró por todos los creyentes, incluyendo a ti y a mí. Oró para que todos llegáramos a ser uno con Él y con el Padre, para que creyéramos que Dios lo envió. El versículo 23 continúa diciendo que Dios nos ama como amó a su Hijo Jesús.

*"Mas no ruego solamente por estos, **sino también por los que han de creer en mí por la palabra** de ellos".* — Juan 17:20 (el énfasis añadido es mío)

"Yo en ellos, y tú en mí, para que sean perfectos en unidad, para que el mundo conozca que tú me enviaste, y que los has amado a ellos como también a mí me has amado". Juan 17:23b

El versículo 26 termina con: *"Para que el amor con que me has amado esté en ellos, y yo en ellos".*

Cuando veo estos versículos y reconozco que Jesús, el Hijo de Dios, estaba orando por mí, para que yo creyera a través de su palabra, me siento abrumada por la bondad amorosa y la paciencia que Él me ha mostrado. Jesús quería que experimentáramos el amor magnificado del Padre que Él sentía cuando le pidió a Dios "que el amor con que me has amado esté en ellos". Estoy eternamente agradecida por su gran amor, no solo por el amor que me ha mostrado, sino por la capacidad de amar como Dios amó a Jesús, el cual Jesús oró para que tengamos en nosotros.

LA MAYOR DEMOSTRACIÓN DEL AMOR DE DIOS POR NOSOTROS

"Porque de tal manera amó Dios al mundo, que dio a su Hijo unigénito, para que todo el que cree en Él no se pierda, sino que tenga vida eterna. Porque Dios no envió a su Hijo al mundo para condenar al mundo, sino para que el mundo sea salvo por Él". Juan 3:16-17

¿Qué le costó a Dios demostrar su gran amor por nosotros? Le costó a su único Hijo. Jesús vivió como un hombre en este mundo, aunque no conoció el pecado.

"Y la esperanza no defrauda, porque el amor de Dios ha sido derramado en nuestros corazones por el Espíritu Santo que nos fue dado. Porque Cristo, cuando aún éramos débiles, a su debido tiempo murió por los impíos. Ciertamente, difícilmente alguien moriría por un justo; aunque tal vez alguien se atrevería a morir por una persona buena. Pero Dios muestra su amor hacia nosotros en que, siendo aún pecadores, Cristo murió por nosotros". Romanos 5:5-8

Cuando aún éramos pecadores, Cristo eligió morir por nuestros pecados para que pudiéramos ser devueltos al Padre como coherederos con Cristo.

"Mira qué gran amor nos ha dado el Padre, para que seamos llamados hijos de Dios; por eso el mundo no nos conoce, porque no lo conoció a Él. Amados, ahora somos hijos de Dios, y aún no se ha manifestado lo que seremos; pero sabemos que cuando Él se manifieste, seremos semejantes a Él, porque lo veremos tal como es. Y todo el que tiene esta esperanza en Él, se purifica a sí mismo, así como Él es puro". 1 Juan 3:1-3

Cuando consideras el inmenso valor del don de la salvación, puedes entender el amor que está vinculado a ese regalo.

"Poreso me ama el Padre, porque yo pongo mi vida, para volverla a tomar. Nadie me la quita, sino que yo de mí mismo la pongo. Tengo poder para ponerla, y tengo poder para volverla a tomar. Este mandamiento recibí de mi Padre". Juan 10:17-18

Nadie le quitó la vida a Jesús; Él eligió entregarla por nuestro beneficio, en obediencia a la voluntad del Padre.

3 verdades eternas sobre el amor de Dios para nosotros según Su Palabra

1. **El amor de Dios sobrepasa todo entendimiento:** *"y de conocer el amor de Cristo, que excede a todo conocimiento, para que sean llenos de toda la plenitud de Dios".* — Efesios 3:19. Imagina estar lleno del amor de Dios, ser capaz de amar sin importar lo que suceda. Imagina la paz que trae ese amor perfecto.

2. **Nada puede separarnos del amor de Dios:** *"¿Quién nos separará del amor de Cristo? ¿Tribulación, o angustia, o persecución, o hambre, o desnudez, o peligro, o espada? Como está escrito: 'Por causa de ti somos muertos todo el tiempo; somos contados como ovejas de matadero'. Antes, en todas estas cosas somos más que vencedores por medio de aquel que nos amó. Por lo cual estoy seguro de que ni la muerte, ni la vida, ni ángeles, ni principados, ni potestades, ni lo presente, ni lo por venir, ni lo alto, ni lo profundo, ni ninguna otra cosa creada nos podrá separar del amor de Dios, que es en Cristo Jesús Señor nuestro".* -

Romanos 8:35-39. Lo que nos separaba de Dios al principio era el pecado. Ahora, a través de la muerte de Cristo en la cruz, la barrera ha sido rota. Ya no estamos separados. Hemos sido restaurados al Padre a través de la sangre del Cordero.

3. **Podemos experimentar el amor de Dios:** *"Para que Cristo habite por la fe en sus corazones, a fin de que, arraigados y cimentados en amor, sean plenamente capaces de comprender, junto con todos los santos, cuál es la anchura, la longitud, la profundidad y la altura".* - Efesios 3:17-18. Estar arraigado y cimentado en amor es estar conectado y vivir en unidad con el Padre, como Jesús estaba unido a Dios.

¿Cómo cambia nuestras vidas el amor de Dios?

Experimentar el amor de Dios es como recibir un trasplante de corazón. El donante ya entregó su vida por ti hace más de 2.000 años. Cuando comienzas a experimentar su amor, te cambia desde adentro hacia afuera. Empieza a transformar tu amor egoísta en un amor desinteresado, y puedes amar a los demás como nunca antes. Tenemos más compasión por los demás y podemos perdonar con mayor facilidad. Te sientes más ligero porque las cargas del pasado comienzan a levantarse al depositar tus preocupaciones en Él.

Abrazando el amor y la aceptación incondicional de Dios

A medida que comienzas a abrazar su amor por ti y a caminar en un amor más profundo con los demás, puede que sientas resistencia en algunos momentos. Esto es porque tienes un enemigo que quiere que caigas, fracases y pierdas esa conexión con Dios. Pero hay esperanza en la Palabra.

"Sométanse, pues, a Dios; resistan al diablo, y él huirá de ustedes. Acérquense a Dios, y Él se acercará a ustedes". Santiago 4:7-8

ROMPIENDO BARRERAS PARA RECIBIR EL AMOR DE DIOS

Razones por las que luchamos para experimentar el amor de Dios

¿Cuáles son algunas de las razones por las que luchamos para experimentar el amor de Dios? Es probable que la mentira que el enemigo te ha estado diciendo a lo largo de tu vida esté tratando de detenerte ahora. Aquí tienes algunas barreras que reconocí cuando decidí volver a entregar mi vida a Dios. Con cada razón incluyo la verdad de la Palabra que demuestra que es una mentira. Puedes estar seguro de que Dios no deja de amarte, y no hay nada que puedas hacer para cambiar eso. Si no estás sintiendo o experimentando Su amor, hay una mentira o barrera que se ha interpuesto entre tú y Él.

1. Guardamos falta de perdón en nuestros corazones contra alguien que nos lastimó. "Más bien, sean bondadosos y compasivos unos con otros, perdonándose mutuamente, así como Dios los perdonó a ustedes en Cristo". Efesios 4:32

2. No sé quién soy en Cristo; debe haber algo malo en mí porque Dios no puede amar a alguien como yo. "Mira qué gran amor nos ha dado el Padre, para que seamos llamados hijos de Dios; por eso el mundo no nos conoce, porque no lo conoció a Él" 1 Juan 3:1

3. Debido a ciertos pecados, tenemos miedo de que Dios nos abandone, como lo han hecho otros. "Porque él dijo: No te desampararé, ni te dejaré". Hebreos 13:5

4. Creemos que nunca podremos ser completamente perdonados por nuestros pecados pasados o presentes. "Y nunca más me acordaré de sus pecados y transgresiones". Hebreos 10:17

Nos cuesta ver a Dios como un Padre amoroso. Esto es especialmente cierto si tu relación con tu padre terrenal no fue lo que debía ser. Dios es todopoderoso y omnisciente, lo que puede dejarnos sintiéndonos avergonzados debido a cualquier pecado o pensamiento en el que hayamos participado. Pero Dios no es emocional, cambiando de ánimo según las circunstancias. Él es amor, inmutable, siempre fiel, y nuestra ayuda constante en momentos de necesidad.

Obstáculos para conocer a Dios como un Padre amoroso

Así como Satanás le mintió a Eva en el Jardín, te va a mentir a ti para hacerte dudar de la Palabra de Dios. Su misión es destruir la unidad familiar tal como la conocemos. Comenzó con Adán y Eva y los hizo dudar de su Padre. Él hace lo mismo hoy, haciendo que los niños duden de lo que dicen sus padres y haciendo que la gente dude de que las promesas de Dios son para Sus hijos. Cuando se trata de nuestros hijos, si él puede hacer que duden de sus padres y de los adultos en general, ¿cómo podrán confiar en su Padre Celestial?

Satanás torció la verdad y le hizo creer a Eva que, en lugar de proveer todo lo que necesitaban, Dios estaba reteniendo algo bueno para ellos. ¿Cómo podría algo tan pequeño hacerles daño o causarles la muerte? Un poco de levadura leuda toda la masa. Una pequeña mentira corrompe el corazón del hombre. Satanás te hará cuestionar a Dios y Su amor por ti, tal como trata de hacerte dudar de Su provisión y bondad hacia ti. Pronto comenzarás a alejarte de Dios, como Adán y Eva se escondieron en el jardín. Cuando esto comience a suceder, debes resistir al diablo, y él huirá de ti. *"Acércate a Dios, y Él se acercará a ti"*. Santiago 4:7-8

No dejes que lo que personas imperfectas hagan impacte cómo ves a Dios. Su amor perfecto expulsa el temor, y donde las personas probablemente te fallarán, Dios no lo hará.

Eliminar las barreras para experimentar el amor de Dios

> "Amar en absoluto es ser vulnerable. Ama algo y tu corazón será retorcido y posiblemente roto. Si quieres asegurarte de mantenerlo intacto, no debes dárselo a nadie, ni siquiera a un animal…" – C.S. Lewis

Amar es ser vulnerable. Si alguna vez has amado y perdido ese amor, puede consumirte por completo. Puede hacerte dudar del amor de Dios por ti si esto sucede. La verdad es que, sí, duele; es real y desgarrador. A veces, nos cuesta recibir el amor de Dios porque no lo vemos físicamente presente. Cuando Jesús dejó a los discípulos, dijo que enviaría un Consolador, un ayudador que estaría con nosotros siempre. Cuando recibimos a Jesús como nuestro Salvador, tenemos acceso al Espíritu Santo. A través de Él, podemos experimentar el verdadero amor de Dios.

También confundimos Su amor con la forma en que hemos experimentado el amor humano. Cuando las personas que amamos nos hieren, levantamos una barrera para proteger más nuestro corazón. El amor de las personas puede estar fracturado y roto, pero también puede exponer tu corazón si esa persona en tu vida se convierte en un ídolo. Puedo confesar que estoy hablando de mí misma. En la última relación en la que estuve antes de volver a entregar mi vida a Dios, permití que esa persona se convirtiera en un ídolo. Todo en mi vida giraba en torno a querer complacerlo y hacerlo feliz. Pensaba que era mejor que yo. Me sentía elevada estando en una relación con él. Lo que no me di cuenta fue que le puse tanta presión a él para hacerme feliz, cuando debería haber buscado esa felicidad en Dios. Necesitaba saber quién era yo en Cristo y dejar que Cristo me completara antes de poder estar en una relación sana con alguien más.

Tómate un momento y pídele a Dios que te revele si hay algo en tu vida en este momento que se haya convertido en un ídolo, algo que no le agrada, y pídele que te ayude a dejarlo. Cuando hagas esto, comenzarás a experimentar más de Él en tu vida. Solo el amor de Dios es completo y perfecto.

Formas de recibir el amor de Dios

Oración: Una de las maneras más directas de experimentar el amor de Dios es a través de la oración. Al comunicarnos con Él, abrimos nuestro corazón para recibir Su amor, guía y consuelo.

Escritura: El amor de Dios se revela en las Escrituras. Al estudiar y reflexionar sobre Su Palabra, podemos entender mejor Su amor por la humanidad.

Naturaleza: Muchos creen que el amor de Dios es evidente en la belleza y el asombro del mundo natural que nos rodea. Observar las maravillas de la creación puede inspirar un sentido de gratitud y reconocimiento del amor de Dios.

Actos de bondad: El amor de Dios a menudo se expresa a través de la compasión y la bondad de los demás. Cuando experimentamos el cuidado y el cariño de otros, podemos verlo como un reflejo del amor de Dios en nuestra vida.

Experiencias personales: El amor de Dios puede manifestarse en experiencias personales, como momentos de alegría, paz o consuelo en tiempos difíciles. Estos momentos pueden percibirse como la presencia y el amor de Dios en nuestras vidas.

Perdón: Experimentar el amor de Dios a través del perdón es poderoso. Cuando buscamos y recibimos el perdón de los demás o lo extendemos a quienes nos han hecho daño, podemos experimentar la gracia y el amor de Dios en el proceso.

Relaciones: Las relaciones significativas y amorosas con familiares y amigos también pueden ser una manera de experimentar el amor de Dios. Las bendiciones de la conexión con nuestros seres queridos nos recuerdan el precio que Él pagó para restaurar nuestra relación con Él.

Adoración: La adoración puede abrir nuestros corazones para recibir el amor de Dios y profundizar nuestra conexión espiritual con Él.

Actos de servicio: Expresar amor a los demás a través de actos de servicio, caridad y desinterés puede ayudarnos a sentir el amor de Dios fluyendo a través de nosotros y hacia aquellos a quienes ayudamos.

Recuerda que la experiencia del amor de Dios puede ser profundamente personal y variar de persona a persona. Es importante estar abiertos a diferentes maneras de recibir y reconocer el amor de Dios en nuestras vidas.

DESCANSANDO EN EL AMOR DE DIOS EN TIEMPOS DIFÍCILES

"Quédense quietos y reconozcan que yo soy Dios".
Salmo 46:10

Estar quietos o descansar en Dios no significa sentarse y no hacer nada. Puedes estar físicamente quieto, pero tu corazón y mente pueden estar concentrados en los problemas de tu vida. Estar quieto es una postura del corazón que te permite alinearte con Él para que puedas realmente descansar en Su presencia. Esto es algo que necesitamos practicar, porque cuando vienen las dificultades, necesitas poder acudir ante el Señor y estar quieto, permitiéndole consolarte y guiarte.

Estar quietos en el amor de Dios implica priorizar Su amor sobre Su juicio. Aunque Dios es un juez justo y debe ser reverenciado, enfocarse únicamente en el castigo potencial o en sentimientos de decepción impide el crecimiento. Abrazar el amor de Dios significa reconocer Su amor infinito, gracia y misericordia, que siempre nos envuelven y nos permiten prosperar en cualquier circunstancia.

El beneficio de descansar en el amor de Dios se ve en los cambios que comienzas a notar en ti mismo. A medida que aprendes a descansar en Él, el miedo a cometer errores disminuye. Comienzas a tomar decisiones sin preocuparte por si Dios estará decepcionado contigo. Tus acciones ya no están dictadas por lo que imaginas que otros pensarán, sino por el deseo de agradar a Dios, no a los hombres.

Tener fe en tiempos difíciles

"Porque por gracia son salvos mediante la fe; y esto no proviene de ustedes, sino que es un don de Dios". Efesios 2:8

"Porque por fe andamos, no por vista". 2 Corintios 5:7

En tiempos de dificultad, como problemas financieros, relaciones complicadas, problemas de salud o dudas sobre nuestro valor personal, puede ser difícil reconocer que Dios siempre está obrando en nosotros. Como seres humanos, a menudo nos enfocamos en lo que podemos ver y experimentar, en lugar de centrarnos en la fe, que es lo que Dios nos anima a priorizar.

Por qué tener el don de la fe puede salvarnos

Creer o tener fe durante los momentos difíciles puede llevarnos a experimentar serenidad en compañía de Dios. La falta de fe, por otro lado, puede inflar nuestro ego y alejarnos de nuestra relación con Él. Rendir nuestras cargas y preocupaciones a Dios puede aligerar enormemente el peso sobre nuestros hombros. Dios nos ha dado una medida de fe que nos permite percibir Su obra para que permanezcamos tranquilos ante las incertidumbres de la vida en lugar de preocuparnos constantemente.

Principios para confiar en Dios en tiempos difíciles

Elige la fe sobre el miedo: En tiempos desafiantes, es esencial optar por la fe en lugar del miedo. Confía en el plan de Dios y cree que Él te guiará a través de los obstáculos, por muy insuperables que parezcan.

Rinde tu control: Debes aprender a soltar el control sobre las situaciones y confiar en la providencia de Dios. Entiende que Sus caminos y tiempos pueden no coincidir con los tuyos, pero siempre tienen un propósito mayor.

Encuentra fortaleza en la oración: La oración regular puede ser una herramienta poderosa en tiempos difíciles. No solo proporciona consuelo, sino que también fortalece tu conexión con Dios, reafirmando tu confianza en Su capacidad.

Busca sabiduría en las Escrituras: Las Escrituras contienen la sabiduría y las enseñanzas de Dios. Estudiarlas puede proporcionar orientación durante los períodos difíciles, reforzando tu confianza en Sus principios y promesas.

Practica la gratitud: Incluso en tiempos difíciles, intenta mantener una actitud de gratitud. Reconocer y agradecer las bendiciones de Dios en tu vida puede cultivar una sensación de paz y confianza en Su plan para ti.

COMPARTIENDO EL AMOR DE DIOS CON LOS DEMÁS

Formas sencillas de mostrar el amor de Dios a otros

Escuchar: Demostrar el amor de Dios a través de la escucha implica prestar atención completa a alguien, mostrando empatía y validando sus sentimientos y experiencias. No se trata solo de escuchar palabras, sino de comprender las emociones detrás de ellas. Este tipo de escucha atenta refleja el amor y cuidado de Dios, comunicando a la persona que es importante y que sus vivencias son valiosas.

Generosidad: La generosidad es una forma práctica y tangible de mostrar el amor de Dios. Esto puede incluir donaciones económicas, pero no se limita a ello. La generosidad también se manifiesta al ofrecer tu tiempo, habilidades o recursos para ayudar a los demás. Refleja la generosidad de Dios, quien da abundantemente a todos.

Palabras de ánimo: Las palabras que decimos pueden tener un impacto significativo en los demás. Las palabras de ánimo pueden elevar, motivar y dar esperanza a las personas que atraviesan tiempos difíciles. Al hablar positivamente en la vida de alguien, podemos reflejar la naturaleza alentadora y afirmativa del amor de Dios.

Actos de bondad: Los actos de bondad pueden ser grandes o pequeños, pero todos reflejan el amor de Dios de manera tangible. Esto puede ser tan simple como una sonrisa, una mano amiga o hacer un esfuerzo extra para mejorar el día de alguien. Estos actos muestran la bondad y la misericordia de Dios y pueden tener un gran impacto en la vida de las personas.

Orar por otros: Orar por los demás es una forma espiritual de mostrar el amor de Dios. Es un acto de generosidad, ya que dedicas tiempo para interceder por otra persona. Demuestra tu preocupación por ellos y tu fe en el poder de Dios para proveer, sanar y guiarlos. No solo beneficia a la persona por la que oras, sino que también te ayuda a desarrollar compasión y empatía.

Versículos bíblicos para reflexionar:

- 1 Juan 4:9-11 - "En esto se manifestó el amor de Dios hacia nosotros: en que Dios envió a su Hijo unigénito al mundo, para que vivamos por medio de Él. En esto consiste el amor: no en que nosotros hayamos amado a Dios, sino en que Él nos amó a nosotros y envió a su Hijo como sacrificio por nuestros pecados. Amados, si Dios nos ha amado así, también nosotros debemos amarnos unos a otros".

- Efesios 3:17-18 NVI - "Para que por fe Cristo habite en sus corazones. Y pido que, arraigados y cimentados en amor, puedan comprender, junto con todos los creyentes, cuán ancho, largo, alto y profundo es el amor de Cristo".
- Sofonías 3:17 - "Porque el Señor tu Dios está en medio de ti como un poderoso guerrero que salva. Se deleitará en ti con alegría, te renovará con su amor y se alegrará por ti con cantos".
- Salmo 136:26 - "¡Den gracias al Dios de los cielos! ¡Su gran amor perdura para siempre!"

Preguntas para reflexionar:

1. ¿Qué tan abierto está mi corazón para recibir y experimentar el amor incondicional de Dios en mi vida?
2. ¿Qué miedos o barreras me impiden abrir completamente mi corazón al amor de Dios, y cómo puedo superarlas?
3. ¿De qué maneras puedo profundizar mi comprensión y conciencia del amor de Dios por mí, y cómo puedo buscar activamente encontrar Su amor en mi vida diaria?

4. ¿Cómo impacta la apertura de mi corazón al amor de Dios en mis relaciones con los demás y en mi capacidad para extender amor y compasión a quienes me rodean?

5. ¿Qué prácticas o hábitos puedo incorporar en mi vida para cultivar una conexión más profunda con Dios y abrir constantemente mi corazón a Su amor transformador?

Al terminar este capítulo, recuerda que, en el camino para entender el amor ilimitado e infinito de Dios, reconocemos la necesidad de liberarnos de las ideas erróneas de que el amor de Dios es condicional. A medida que abrimos nuestro corazón para recibir Su amor, esa misma capacidad de amar incondicionalmente puede fluir a través de nosotros. También hemos abordado los obstáculos y barreras para recibir Su amor, como las mentiras del enemigo, el resentimiento y el miedo, y se nos han brindado herramientas para superar estos obstáculos. A través de medios como la oración, las Escrituras, la naturaleza y los actos de bondad, somos animados a experimentar personal y profundamente el amor de Dios, una experiencia que varía de persona a persona, pero que siempre conduce a la paz interior y a la capacidad de amar sin condiciones.

Descansar en el amor de Dios durante tiempos difíciles implica adoptar una postura del corazón alineada con Él, priorizando Su amor sobre el juicio, y encontrar fortaleza a través de la fe, la oración y las Escrituras. Estar quietos en

Su presencia nos empodera para prosperar, reduciendo el miedo y la autoconciencia, y enfocándonos en agradar a Dios en lugar de a las personas. En tiempos difíciles, es esencial caminar por fe y no por vista, confiando en el plan de Dios, rindiendo el control y buscando sabiduría en Sus enseñanzas.

Al comenzar el siguiente capítulo sobre cómo conquistar el diálogo interno negativo, identificaremos los patrones y aprenderemos a transformar nuestros pensamientos negativos mediante la verdad en la Palabra de Dios. A medida que empezamos a entender y a cultivar una mentalidad positiva centrada en Cristo, superaremos diferentes inseguridades y caminaremos con confianza como creyentes.

CONQUISTANDO EL DIÁLOGO INTERNO NEGATIVO

"Te alabaré, porque formidables y maravillosas son tus obras; estoy asombrado, y mi alma lo sabe muy bien".

— SALMO 139:14

IDENTIFICANDO Y DESAFIANDO LOS PATRONES DE DIÁLOGO INTERNO NEGATIVO

¿Qué es el diálogo interno negativo? Es una línea de pensamientos que empiezas a decirte a ti mismo y que derriba cualquier cualidad positiva, reduciendo tu autoestima. ¿De dónde viene este diálogo negativo? Generalmente proviene de experiencias pasadas que se convierten en parte fundamental de tus creencias internas. El diálogo interno negativo puede llevar a adicciones y problemas de salud mental.

¿Por qué somos propensos a pensamientos y diálogo interno negativos? Este fenómeno puede ser complejo y estar influenciado por varios factores. Aquí te dejo algunas razones por las cuales muchas personas pueden ser propensas a ello:

- **Experiencias en la infancia:** El diálogo interno negativo puede originarse de experiencias tempranas con padres, cuidadores o compañeros que fueron demasiado críticos o poco solidarios. Esto puede llevar a creencias internalizadas sobre el propio valor y competencia.
- **Influencias culturales y sociales:** Las presiones y normas sociales también influyen en el diálogo interno. Compararse con los demás o esforzarse por alcanzar estándares de perfección impuestos por la sociedad puede llevar a una autoevaluación negativa.
- **Estrés y ansiedad:** Durante periodos de estrés y ansiedad, las personas tienden más a practicar el diálogo interno negativo. Esto puede crear un ciclo vicioso en el que los pensamientos negativos aumentan los niveles de estrés, reforzando aún más este tipo de diálogo.
- **Baja autoestima:** Las personas con baja autoestima pueden usar el diálogo negativo como un mecanismo de defensa. Al esperar lo peor, sienten que se están protegiendo de la decepción.

- **Falta de atención plena o autoconsciencia:** Sin ser conscientes de los patrones de pensamiento y sin trabajar activamente para cultivar una mentalidad positiva, el diálogo interno negativo puede volverse un modo de pensamiento predeterminado.

Para combatir el diálogo interno negativo, comprender estas causas subyacentes es esencial. Técnicas como la oración, la atención plena y las prácticas de autocompasión pueden ser herramientas efectivas para desafiar y transformar el diálogo negativo en uno más equilibrado y positivo.

Un ejemplo de diálogo negativo es cuando te culpas por cosas que salen mal, aunque no haya evidencia que lo respalde. O cuando cometes un pequeño error y piensas que el resultado será un desastre imposible de superar. En estos momentos, solo ves lo negativo y no puedes ver nada bueno. Un pequeño problema puede intentar arruinar tu día completo.

Si este tipo de pensamientos te resulta familiar, seguramente quieres saber cómo detener estos ciclos de pensamientos negativos. Cuando era más joven, pensaba que podía lograr cualquier cosa. Sin embargo, a medida que fui creciendo, empecé a escuchar lo que las personas decían sobre lo que quería hacer. Decían cosas como: "¿Y si no funciona? ¿Y si lo arruinas? Yo no podría hacerlo porque me avergonzaría si algo saliera mal". No estaban diciendo que fallaría, pero sus dudas sobre lo que quería hacer me hicieron sentir que yo no podía lograrlo.

Cuando me convertí en una verdadera cristiana, Dios me ayudó a reconocer los pensamientos con los que estaba lidiando. Él empezó mostrándome qué estaba alimentando esos pensamientos. Me estaba dejando influenciar por la música, la televisión y algunos compañeros de trabajo poco amables. Los portones de mi corazón y mente estaban completamente abiertos a todo. Escuchaba música country, veía programas de vampiros y brujas en la televisión, y escuchaba a algunos compañeros de trabajo decirme que no llegaría más allá en la empresa.

Debemos prestar atención a lo que permitimos que entre a través de nuestras puertas. Tenemos el poder y la autoridad para protegernos, en cuerpo, mente y espíritu. Si tienes cerraduras en tus puertas y una cerca alrededor de tu casa, estás protegiendo tu hogar y propiedad, limitando lo que puede pasar por ahí. Esa misma protección debe aplicarse a tu corazón y mente. En los tiempos bíblicos, los sacerdotes a menudo supervisaban las puertas y mantenían la santidad del santuario. Controlaban el acceso, asegurándose de que solo aquellos que estaban debidamente purificados o que cumplían con ciertos criterios pudieran entrar.

Cuando nos damos cuenta de que nuestros cuerpos son un templo donde mora el Espíritu Santo, ¿no crees que deberíamos protegerlos como un tesoro de inmenso valor? La mejor manera de transformar nuestra forma de pensar y renovar nuestra mente es a través de la Palabra de Dios. Pablo nos advierte en 2 Corintios 11:3 que, así como la serpiente (Satanás) engañó a Eva, también puede corromper nuestras mentes. Estos son los pensamientos negativos, dudas y miedos que a veces nos abruman.

> "Pero temo que, así como la serpiente con su astucia engañó a Eva, de alguna manera sus mentes se desvíen de la sincera fidelidad a Cristo". 2 Corintios 11:3

Pablo entiende la facilidad con la que nuestras mentes pueden ser corrompidas por el engaño. Él fue un fariseo de la secta más estricta. Vivió su vida como judío siguiendo los más altos estándares. Después de la muerte de Jesús, salió a perseguir y matar cristianos porque seguían a Cristo. Estaba siendo guiado por el sumo sacerdote para ir tras esos seguidores de Jesús y detenerlos de predicar y compartir a Jesús. Hizo todo esto sin haber conocido o encontrado nunca a Jesús. Hasta que un día todo cambió, y su vida fue transformada. Ese día, mientras iba camino a Damasco con órdenes y autoridad de los sumos sacerdotes, se encontró cara a cara con Jesús. El relato de la conversión de Pablo se encuentra en Hechos 26:12-18.

Pablo no solo tuvo sus ojos abiertos al llamado y propósito que Dios tenía para su vida durante ese encuentro, sino que Jesús le dijo que lo enviaría a predicar el evangelio a los gentiles, aquellos que no pertenecían a la comunidad de fe judía. ¡Qué encuentro tan transformador que provocó un cambio de 180 grados en su perspectiva! Cuando se encontró con Jesús, su manera de pensar cambió completamente.

En el versículo 17, Jesús le dijo que lo libraría de los judíos, su propio pueblo. Le estaba diciendo que lo mantendría a salvo. Jesús sabía que Pablo podría tener un momento de miedo si no seguía las órdenes de quienes lo enviaban. Sin embargo, antes de que Pablo pudiera siquiera pensar o hablar al respecto, Jesús le aseguró que lo libraría y que abriría los ojos de aquellos a quienes estaba siendo enviado.

Habrá momentos y oportunidades en los que dudaremos de nuestras habilidades, talentos y valía. Pero es fundamental que mantengamos nuestra atención en lo que dice la Palabra de Dios. No debemos bajar la guardia y permitir que nuestra mente y corazón se llenen de basura.

> "Sobre todas las cosas cuida tu corazón, porque de él brota la vida". Proverbios 4:23

Considera la elección y la responsabilidad que tienes de proteger tu corazón y mente. Siempre uso este ejemplo con mis hijos. Si Jesús estuviera en la habitación contigo, ¿verías ese programa de televisión? ¿Escucharías esa música? Si Jesús estuviera en la habitación contigo, ¿estaría de acuerdo con lo que esa persona dijo sobre ti? La respuesta es un rotundo no.

En varias ocasiones en la Biblia, las personas se acercaron a Jesús en busca de ayuda y luego alguien llegó con malas noticias. Antes de que tuvieran la oportunidad de dudar o preocuparse, Jesús les dijo que solo creyeran. ¿En qué les estaba diciendo que creyeran? Les decía que creyeran en lo que ya habían escuchado antes. No quería que se enfocaran en las noticias negativas que acababan de recibir, sino en lo que los llevó a Él desde el principio. Creyeron que Él era un sanador, y quería que siguieran creyendo que los sanaría.

¿QUÉ DICE LA BIBLIA SOBRE NUESTROS PENSAMIENTOS?

En Romanos 7:22-23, Pablo explica que ama la ley de Dios con todo su corazón, pero que hay otro poder obrando dentro de él, que está en guerra con su mente. (Paráfrasis del autor). Pablo nos está diciendo que nuestra carne, o naturaleza pecaminosa, está en conflicto con la Palabra de Dios. Debemos ser los dueños de nuestro cuerpo y controlar lo que estamos introduciendo en él. Si una persona quiere perder peso, va a consumir menos azúcar y carbohidratos. Si desea fortalecer su mente, se enfocará en leer y concentrarse en cosas que lo edifiquen. Los siguientes versículos de las Escrituras nos ayudan a entender lo que debemos hacer con respecto a nuestros pensamientos.

"Por eso les digo: No se preocupen por su vida, qué comerán o beberán; ni por su cuerpo, cómo se vestirán. ¿No vale más la vida que la comida, y el cuerpo más que la ropa? Fíjense en las aves del cielo: no siembran, ni cosechan, ni almacenan en graneros; sin embargo, el Padre celestial las alimenta. ¿No valen ustedes mucho más que ellas? ¿Quién de ustedes, por mucho que se preocupe, puede añadir una sola hora al curso de su vida?" Mateo 6:25-27 NVI

"No se conformen a este mundo, sino transfórmense mediante la renovación de su mente, para que puedan comprobar cuál es la buena voluntad de Dios, agradable y perfecta". Romanos 12:2

"Aunque vivimos en el cuerpo, no luchamos según el cuerpo; porque las armas de nuestra lucha no son carnales, sino poderosas en Dios para la destrucción de fortalezas, derribando argumentos y toda arrogancia que se levanta contra el conocimiento de Dios, y llevando cautivo todo pensamiento a la obediencia a Cristo". 2 Corintios 10:3-5

¿Cómo superamos los pensamientos negativos como cristianos?

En 2 Corintios 10:3-5, Pablo nos dice que las armas de nuestra guerra no son carnales, lo que significa que no son de este mundo. Entonces, ¿cuáles son las armas de nuestra guerra?

Pablo dice: "Por último, hermanos míos, fortalézcanse en el Señor y en el poder de su fuerza. Pónganse toda la armadura de Dios, para que puedan mantenerse firmes contra las artimañas del diablo. Porque nuestra lucha no es contra seres humanos, sino contra principados, contra potestades, contra los gobernantes de las tinieblas de este mundo, contra huestes espirituales de maldad en las regiones celestiales. Por tanto, tomen toda la armadura de Dios, para que puedan resistir en el día malo, y, habiendo hecho todo, mantenerse firmes". Efesios 6:10-13

¿Qué es toda la armadura de Dios a la que se refiere Pablo? La Armadura de Dios, descrita en Efesios 6:14-17, es una metáfora de las herramientas espirituales y defensas que los cristianos deben equiparse para mantenerse firmes ante las estrategias y engaños del diablo. Cada pieza representa un aspecto esencial de la fe cristiana que los creyentes pueden "ponerse" en la guerra espiritual.

1. Cinturón de la verdad (Efesios 6:14)
- Así como un cinturón sostiene otras piezas de la armadura, la verdad sirve como una pieza fundamental. Simboliza la honestidad e integridad. En la guerra espiritual, ayuda a los cristianos a mantenerse firmes ante el engaño, asegurando que estén arraigados en la realidad de la Palabra de Dios y no sean influenciados por mentiras o distorsiones.

2. Coraza de justicia (Efesios 6:14)
- Una coraza protege los órganos vitales, especialmente el corazón. Simbolizando la pureza y la justicia que provienen de la fe en Cristo, protege el corazón de los creyentes de las acusaciones y la culpa, recordándoles que son justificados por la fe, no por las obras.

3. Calzado del Evangelio de la paz (Efesios 6:15)
- El calzado adecuado proporciona estabilidad y preparación. Tener los pies calzados con el Evangelio de la paz significa estar preparado para compartir las buenas nuevas de Cristo, manteniéndose firme en la fe y promoviendo la paz. Esto permite a los creyentes caminar con confianza en un mundo caótico, sabiendo que llevan el mensaje de paz.

4. Escudo de la fe (Efesios 6:16)
- El escudo proporciona protección amplia contra los ataques. La fe, simbolizada por este escudo, defiende a los creyentes de las "flechas encendidas" de la duda, la tentación y la acusación. Al levantar la fe, los cristianos pueden extinguir estos ataques, confiando en las promesas y el carácter de Dios.* En los tiempos bíblicos, se decía que los soldados empapaban sus escudos de madera en agua para evitar que las flechas encendidas los prendieran fuego. El versículo 16 dice: "Sobre todo, tomen el escudo de la fe, con el cual podrán apagar todas las flechas encendidas del

maligno". Si no estuviera saturado en agua, el escudo se incendiaría.

5. Yelmo de la salvación (Efesios 6:17)
- Un yelmo protege la cabeza, una parte crucial del cuerpo. El yelmo representa la seguridad de la salvación, protegiendo la mente de los creyentes de la duda y asegurándolos en el conocimiento de que son salvos y redimidos por Cristo. Sirve como un recordatorio constante de su seguridad eterna e identidad en Él.

6. Espada del Espíritu (Efesios 6:17)
- A diferencia de las otras piezas de la armadura, que son defensivas, la espada es un arma ofensiva. Representa la Palabra de Dios, que está viva y activa. En las batallas espirituales, las Escrituras son la herramienta principal del creyente para defenderse y contrarrestar las estrategias del enemigo. Al conocer y utilizar la Palabra de Dios, los cristianos pueden confrontar mentiras, tentaciones y ataques espirituales con la verdad divina.

En un contexto más amplio, la Armadura de Dios enfatiza la importancia de estar espiritualmente vigilantes y preparados. Anima a los creyentes a no depender de su propia fuerza, sino de las provisiones de Dios para resistir y superar los desafíos espirituales.

CAMINANDO EN CONFIANZA Y VICTORIA SOBRE EL AUTO-DIÁLOGO NEGATIVO

En Colosenses 2:8 se nos dice: "Tengan cuidado de que nadie los engañe con filosofías y huecas sutilezas, basadas en tradiciones humanas y en los principios de este mundo, y no en Cristo". Cuando alguien dice algo en tu contra que no está de acuerdo con la Palabra de Dios, está intentando engañarte y robarte lo que Dios ya te ha dado.

La Biblia NTV lo expresa así: "No permitan que nadie los atrape con filosofías huecas y disparates elocuentes, que nacen del pensamiento humano y de los poderes espirituales de este mundo y no de Cristo". Reflexiona en esto un momento. No permitas que nadie te atrape o te haga caer en pensamientos negativos sobre ti mismo. Pero, como dice 2 Corintios 10:5, lleva esos pensamientos cautivos a la obediencia de Cristo.

Como hijos de Dios, ya tenemos la victoria. Fue asegurada por nosotros mediante la muerte y resurrección de Cristo Jesús.

> "Pero ustedes, mis queridos hijos, pertenecen a Dios.
> Ya han vencido a esas personas, porque el Espíritu
> que vive en ustedes es más poderoso que el espíritu
> que está en el mundo". 1 Juan 4:4 (NTV)

"Aunque nos sintamos culpables, Dios es más grande que nuestros sentimientos, y Él lo sabe todo". 1 Juan 3:20 (NTV)

Caminar con confianza y en victoria sobre el auto-diálogo negativo es un aspecto crucial en la vida cristiana. Esto implica renovar nuestra mente con las verdades de las Escrituras y aplicar esas verdades en nuestra vida diaria. Aquí hay algunos pasos y versículos que te pueden guiar.

1. Entiende tu identidad en Cristo: Reconoce que eres profundamente amado, escogido y redimido por Dios. Esto forma la base de un verdadero valor propio y contrarresta el auto-diálogo negativo.

"Pero a todos los que lo recibieron, a los que creen en su nombre, les dio el derecho de ser hechos hijos de Dios". Juan 1:12

"Porque tú eres un pueblo santo para el Señor tu Dios; el Señor tu Dios te ha escogido para ser un pueblo especial, más que todos los pueblos que están sobre la faz de la tierra". Deuteronomio 7:6

2. Renueva tu mente: Reemplaza los pensamientos negativos con las verdades de Dios sumergiéndote en Su Palabra.

"No se conformen a este mundo, sino transfórmense mediante la renovación de su mente, para que puedan comprobar cuál es la buena voluntad de Dios, agradable y perfecta". Romanos 12:2

3. Declara la Palabra de Dios sobre ti: Cuando surjan pensamientos negativos, combátelos con la verdad de la Palabra de Dios.

"Que la palabra de Cristo habite en abundancia entre ustedes, enseñándose y exhortándose unos a otros con toda sabiduría, cantando con gratitud en sus corazones al Señor con salmos, himnos y cánticos espirituales". Colosenses 3:16

4. Protege tu corazón: Protege tu corazón de influencias negativas que puedan inspirar pensamientos destructivos.

"Por sobre todas las cosas, cuida tu corazón, porque de él brota la vida". Proverbios 4:23

5. Mantente conectado con otros creyentes: Rodéate de creyentes que te animen, te eleven y te recuerden las verdades de Dios.

"Y considerémonos unos a otros para estimularnos al amor y a las buenas obras; no dejemos de congregarnos, como algunos tienen por costumbre, sino animémonos unos a otros, y más aún cuando ven que aquel día se acerca". Hebreos 10:24-25

6. Ora continuamente: Pídele a Dios fortaleza y sabiduría para combatir el auto-diálogo negativo.

"No se inquieten por nada, sino presenten sus peticiones delante de Dios en toda oración y súplica, con acción de gracias. Y la paz de Dios, que sobrepasa todo entendimiento, guardará sus corazones y sus pensamientos en Cristo Jesús". Filipenses 4:6-7

7. Recuerda el poder de Cristo en ti: Reconoce que no estás luchando contra el auto-diálogo negativo con tus propias fuerzas, sino con el poder de Cristo en ti.

"Todo lo puedo en Cristo que me fortalece".
Filipenses 4:13

8. Regocíjate siempre en el Señor: Cultiva un corazón de gratitud. Al regocijarte en el Señor, incluso en medio de los desafíos, puedes cambiar el enfoque de los pensamientos negativos a la bondad de Dios.

"Regocíjate en el Señor siempre. Otra vez digo: ¡Regocíjate!" Filipenses 4:4

Incorporar estos pasos y meditar en estas Escrituras te ayudará, como creyente, a anclar tu identidad en Cristo, combatir las influencias del auto-diálogo negativo y caminar en la victoria.

Los beneficios de una mentalidad centrada en Cristo guían a los creyentes en todos los aspectos de su vida. Cultivar esta mentalidad requiere intencionalidad, oración, inmersión en la Palabra de Dios y la práctica de disciplinas cristianas. Aquí te detallo algunos beneficios de una mentalidad centrada en Cristo y formas prácticas de vivir con Cristo en el centro.

Beneficios de una mentalidad centrada en Cristo:

1. Paz y seguridad: Cuando Cristo está en el centro, podemos enfrentar los desafíos de la vida con un profundo sentido de paz, sabiendo que Dios está en control.

"Y la paz de Dios, que sobrepasa todo entendimiento, guardará sus corazones y sus pensamientos en Cristo Jesús". Filipenses 4:7

2. Guía y sabiduría: Al enfocarnos en Cristo, recibimos guía y sabiduría en nuestras decisiones y acciones.

"Y si alguno de ustedes tiene falta de sabiduría, pídala a Dios, quien da a todos generosamente y sin reproche, y le será dada". Santiago 1:5

3. Fortaleza en las pruebas: Una mentalidad centrada en Cristo nos equipa para soportar los desafíos con resiliencia y esperanza.

"Así que no temas, porque yo estoy contigo; no te angusties, porque yo soy tu Dios. Te fortaleceré y te ayudaré; te sostendré con la mano derecha de mi justicia". Isaías 41:10 NVI

4. Gozo y contentamiento: El verdadero gozo y contentamiento se encuentran en una relación con Cristo, no en las circunstancias del mundo.

"Porque el reino de Dios no consiste en comidas o bebidas, sino en justicia, paz y alegría en el Espíritu Santo". Romanos 14:17

Cómo practicar una vida centrada en Cristo:

1. Prioriza la devoción diaria: Dedica tiempo diario en oración y en el estudio de la Palabra de Dios para acercarte más a Cristo.

"sino que en la ley del Señor se deleita y día y noche medita en ella". Salmo 1:2

2. Busca la voluntad de Dios en las decisiones: Antes de tomar decisiones, busca la guía y la voluntad de Dios.

"Confía en el Señor de todo corazón y no te apoyes en tu propia inteligencia. Reconócelo en todos tus caminos y él enderezará tus sendas". Proverbios 3:5-6

3. Practica la humildad: Considera a los demás antes que a ti mismo y busca oportunidades para servir, reflejando el amor de Cristo al mundo.

"No hagan nada por egoísmo o vanidad; más bien, con humildad, consideren a los demás como superiores a ustedes mismos". Filipenses 2:3

4. Únete a una comunidad de creyentes: Participa en la comunión, el culto y el servicio junto a otros cristianos para ser animado y animar en la fe.

"Preocupémonos los unos por los otros, a fin de estimularnos al amor y a las buenas obras. No dejemos de congregarnos, como acostumbran hacer algunos, sino animémonos unos a otros". Hebreos 10:24-25

5. Guarda tu mente y tu corazón: Sé cauteloso con lo que consumes, asegurándote de que esté en línea con las enseñanzas de Cristo.

"Por último, hermanos, consideren bien todo lo verdadero, todo lo respetable, todo lo justo, todo lo puro, todo lo amable, todo lo digno de admiración; en fin, todo lo que sea excelente o merezca elogio". Filipenses 4:8

6. Demuestra el amor de Cristo: Muestra amabilidad, misericordia y amor a los demás, como Cristo lo ha hecho por nosotros.

"Este mandamiento nuevo les doy: que se amen los unos a los otros. Así como yo los he amado, también ustedes deben amarse los unos a los otros". Juan 13:34

Al entender los beneficios de una mentalidad centrada en Cristo y buscar activamente vivir con Cristo en el centro, podemos caminar con una perspectiva positiva y centrada en Él, reflejando la luz de Dios al mundo.

SUPERANDO INSEGURIDADES Y COMPARACIONES

Inseguridades. Todos hemos enfrentado estas sensaciones en algún momento. Son esos molestos sentimientos de insuficiencia, dudas sobre uno mismo y, a menudo, la dolorosa creencia de que no somos lo suficientemente buenos. En nuestro caminar cristiano, es aún más esencial abordarlas, no solo por nuestra paz, sino para vivir en la plenitud de lo que Dios ha destinado para nosotros.

¿Qué son las inseguridades? Las inseguridades son sentimientos profundamente arraigados de incertidumbre o ansiedad sobre uno mismo. Se manifiestan como creencias de que no estamos a la altura, ya sea en apariencia, habilidades, relaciones o en cualquier otro aspecto de la vida.

3 tipos de inseguridades y la Palabra de Dios para superarlas

1. Inseguridades físicas: Preocupaciones sobre nuestra apariencia, físico o cualquier rasgo físico. Esto podría sonar como, "No soy lo suficientemente alto, delgado o atractivo".

"Porque tú formaste mis entrañas; Tú me hiciste en el vientre de mi madre. Te alabaré; porque formidables, maravillosas son tus obras; Estoy maravillado, Y mi alma lo sabe muy bien". Salmo 139:13-14

2. Inseguridades emocionales: Dudas sobre ser digno de amor, aceptación o pertenencia. Susurra, "No soy digno de amor o no soy lo suficientemente bueno".

"Pero Dios demuestra su amor por nosotros en esto: en que cuando todavía éramos pecadores, Cristo murió por nosotros". Romanos 5:8

3. Inseguridades de desempeño: Sentimientos de que no somos competentes o capaces en nuestros roles, en el trabajo, en el ministerio o en esfuerzos personales.

"Pero él me dijo: 'Te basta con mi gracia, pues mi poder se perfecciona en la debilidad'. Por lo tanto, gustosamente presumiré más bien de mis debilidades, para que permanezca sobre mí el poder de Cristo". 2 Corintios 12:9

Las consecuencias de las inseguridades, si no se controlan, pueden llevar a la ansiedad, depresión, celos y una serie de otras emociones negativas. También pueden obstaculizar nuestras relaciones, haciéndonos defensivos o excesivamente sensibles. Lo más importante es que obstruyen nuestra relación con Dios, haciéndonos cuestionar Su amor, propósito y promesas.

¿Qué causa la inseguridad? Las inseguridades a menudo surgen de experiencias pasadas, rechazos, fracasos o comentarios negativos que se han arraigado en nuestras mentes. Vivir en un mundo que prospera en la comparación, especialmente en la era de las redes sociales, solo alimenta este fuego.

Consejos para superar inseguridades:

1. Reconocer y aceptar: Primero, reconoce que todos, sí, todos, tienen inseguridades. La aceptación es el primer paso hacia la sanación.

2. Detener el juego de comparación: Cada vez que te encuentres comparándote, detente. Recuerda, el camino de cada uno es diferente.

3. Afirmaciones: Haz afirmaciones positivas sobre ti mismo basadas en las verdades de la Palabra de Dios.

Cómo superar la inseguridad con la ayuda de Dios:

1. Sumérgete en las Escrituras: Sumérgete en la Palabra de Dios. Deja que Sus verdades sobre tu identidad sean más fuertes que las voces de la duda.

2. Ora: Comparte tus sentimientos con Dios. Pídele que sane áreas de inseguridad y que te dé una revelación de Su amor.

3. Busca comunidad: Comparte tus luchas con un amigo o mentor de confianza. Ellos pueden ofrecer aliento y una perspectiva divina.

Versículos bíblicos útiles para ayudarte a superar la inseguridad:

"Porque yo soy el Señor tu Dios, que sostiene tu mano derecha; yo soy quien te dice: 'No temas, yo te ayudaré.'" Isaías 41:13

"El Señor es mi luz y mi salvación; ¿a quién temeré? El Señor es el baluarte de mi vida; ¿quién me asustará?" Salmo 27:1

"Pero ustedes son una descendencia escogida, un sacerdocio real, una nación santa, un pueblo que pertenece a Dios, para que proclamen las obras maravillosas de aquel que los llamó de las tinieblas a su luz admirable".1 Pedro 2:9

Recuerda, Dios te creó de manera única y maravillosa. No cometió un error. Cada vez que la inseguridad susurra, deja que la Palabra de Dios grite más fuerte. Mantente firme en Su amor y promesas, y gradualmente, esas inseguridades se desvanecerán a la luz de Su verdad.

Hoy al caminar en el mundo, es fácil dejarse influir por las innumerables voces que claman por nuestra atención. Desde las presiones de la sociedad hasta la atracción de los deseos mundanos, es un desafío constante mantenernos firmes. Sin embargo, como creyentes en el Todopoderoso, hemos recibido un regalo profundo que nos permite caminar con confianza: nuestra fe en Jesucristo.

¿Por qué es esencial la confianza para un creyente? La confianza no significa orgullo o arrogancia. En cambio, se trata de entender quiénes somos en Cristo y mantenernos firmes en esa identidad. Es la creencia profunda de que Dios está en control, que tiene un propósito para nuestras vidas y que está con nosotros en cada paso del camino.

La Biblia nos dice: "Pero a todos los que le recibieron, a los que creen en su nombre, les dio el derecho de ser hechos hijos de Dios". Juan 1:12 (NKJV). Como hijos de Dios, somos coherederos con Cristo. Esta identidad nos da un propósito divino, valor y autoridad. Cuando comprendemos esto plenamente, nuestra perspectiva cambia y los problemas mundanos disminuyen ante las verdades eternas.

La Palabra de Dios está llena de promesas que son sí y amén en Cristo. Cuando surge la incertidumbre, podemos mantenernos firmes, sabiendo que las promesas de Dios son inquebrantables. Las Escrituras nos aseguran: "Estoy seguro de que el que comenzó en ustedes la buena obra la perfeccionará hasta el día de Jesucristo". Filipenses 1:6 (NKJV). Esto significa que Dios está trabajando activamente en nuestras vidas, moldeándonos y refinándonos para Su gloria.

Vivir una vida guiada por el Espíritu Santo nos empodera con sabiduría, fortaleza y discernimiento. Como nos recuerda Gálatas 5:25 (NKJV), "Si vivimos por el Espíritu, andemos también por el Espíritu". Con el Espíritu guiando nuestros pasos, podemos caminar con confianza, sabiendo que estamos alineados con la voluntad de Dios.

En un mundo lleno de críticos y detractores, es esencial tener una familia de la iglesia que te eleve, te anime y te desafíe en tu fe. Como dice Proverbios 27:17 (NKJV), "Como el hierro afila el hierro, así el hombre afila el rostro de su amigo". Estar conectado en Cristo con tu familia de la iglesia te ayudará a aumentar tu confianza mientras eres testigo de la obra de Dios en la vida de los demás y compartes testimonios de Su bondad.

Recuerda los momentos en que Dios ha estado contigo, las oraciones respondidas, las bendiciones inesperadas e incluso las pruebas en las que Él te llevó. Recordar Su fidelidad en el pasado fortalecerá tu confianza para el futuro. Él es el mismo ayer, hoy y por siempre.

Caminar con confianza no se trata de ignorar desafíos o dificultades. En cambio, se trata de enfrentarlos de frente, equipado con el conocimiento de que el Creador del universo está a tu lado. Se trata de descansar a la sombra del Todopoderoso, sabiendo que Él te guiará, protegerá y proveerá. Sigue sumergiéndote en la Palabra de Dios, porque es el manantial de verdad y confianza. Y mientras caminas en este viaje terrenal, que siempre te recuerde las palabras del Apóstol Pablo: "Porque estoy persuadido de que ni la muerte, ni la vida, ni ángeles, ni principados, ni potestades, ni lo presente, ni lo por venir, ni lo alto, ni lo profundo, ni ninguna otra cosa creada nos podrá separar del amor de Dios, que es en Cristo Jesús Señor nuestro". Romanos 8:38-39 (NKJV).

Camina con confianza, porque eres sostenido, valorado, profundamente amado y empoderado por el Rey de Reyes.

Versículos bíblicos para reflexionar:

- Génesis 1:27 - "Y creó Dios al hombre a su imagen, a imagen de Dios lo creó; varón y hembra los creó".
- Proverbios 18:21 - "La muerte y la vida están en poder de la lengua, y el que la ama comerá de sus frutos".

- Filipenses 4:13 - "Todo lo puedo en Cristo que me fortalece".
- Isaías 43:1 - "Ahora, así dice el Señor, el que te creó, Jacob, el que te formó, Israel: 'No temas, porque yo te he redimido; te he llamado por tu nombre; tú eres mío.'"

Preguntas para reflexionar:

1. ¿Qué pensamientos negativos recurrentes o patrones de autocrítica suelo tener, y cómo afectan a mi autoestima y bienestar general?
2. ¿Qué creencias subyacentes o experiencias pasadas podrían estar contribuyendo a mi autocrítica negativa, y cómo puedo desafiar y reformular esas creencias de una manera más positiva y empoderadora?
3. ¿Cómo afecta mi autocrítica negativa a mi capacidad para perseguir mis metas, tomar riesgos y aceptar nuevas oportunidades?
4. ¿Qué estrategias o técnicas me han sido útiles en el pasado para combatir la autocrítica negativa, y cómo puedo incorporarlas a mi vida diaria para desarrollar una mentalidad más saludable?
5. ¿Cómo puedo cultivar la autocompasión y practicar el autocuidado como medio para contrarrestar la autocrítica negativa y nutrir un diálogo interno más positivo y de apoyo?

A lo largo de este capítulo, hablamos de cómo conquistar la autocrítica negativa, hubo varias escrituras que repetí. Estos pasajes fueron fundamentales para mí, y los utilizaba cada vez que sentía el peso de la batalla mental. No estamos solos en esto, ya que tenemos un Consolador y Consejero que nos fortalece y nos guía en cada paso si confiamos en Su presencia y en Su Palabra.

Sin embargo, al pasar al próximo capítulo, es crucial entender que nuestra batalla no termina aquí. El mundo que nos rodea está lleno de trampas, y una de las armas más poderosas en la actualidad es el uso de las redes sociales. Como creyentes, ¿cómo protegemos nuestras mentes y corazones en una era dominada por los "me gusta", retuits y tendencias cambiantes? ¿Cómo discernimos la verdad de la mentira en medio del ruido? Veremos el profundo impacto de las redes sociales en los creyentes, desenmascararemos las mentiras y exploraremos la guía de Dios para navegar en esta era digital.

SUPERANDO LAS MENTIRAS Y LAS PREOCUPACIONES DEL MUNDO

"No se conformen a este mundo, sino transfórmense mediante la renovación de su mente, para que puedan comprobar cuál es la buena voluntad de Dios, agradable y perfecta".

— ROMANOS 12:2

RECONOCIENDO Y ABORDANDO LA INFLUENCIA DE LOS MEDIOS EN LA SOCIEDAD ACTUAL

La influencia de los medios en la sociedad es innegable. Su impacto penetra en nuestros pensamientos, percepciones y comportamientos, moldeando sutilmente nuestra visión del mundo. En una era en la que las líneas entre la verdad y la falsedad se difuminan, es esencial reconocer y abordar el papel de los medios en la difusión de ambos. Superar las mentiras y preocupaciones de este mundo requiere una comprensión profunda de estas influencias y estrategias proactivas para navegarlas.

La siguiente información se comparte para ayudarnos a reconocer la influencia de los medios en nuestras vidas individuales. Cuando reconoces su influencia, puedes recuperar el control y ser más selectivo en tu participación. Es tan fácil sentarse y desplazarse por la avalancha de noticias y publicaciones en redes sociales, y perderse por completo en el proceso. Aquí es cuando nos volvemos insensibles a lo que estamos viendo. Creemos que simplemente estamos pasando las imágenes, pero estas se almacenan en nuestra mente como una cámara digital con memoria ilimitada. Y cuando menos lo esperamos, esas imágenes influyen en lo que compramos, lo que vestimos, lo que comemos y a dónde vamos.

Reconociendo las influencias de los medios

1. Agendas y sesgos: Cada medio tiene su propio conjunto de sesgos y agendas, ya sean reconocidos abiertamente o más encubiertos. Estos sesgos pueden estar arraigados en afiliaciones políticas, intereses comerciales u otras consideraciones. Un consumidor crítico debe reconocer estas inclinaciones y tenerlas en cuenta al procesar la información.

2. Publicidad y consumismo: La publicidad tiene una influencia profunda en nuestros deseos y valores, instándonos al consumo constante y, a menudo, estableciendo estándares e ideales poco realistas que afectan nuestra autoestima y prioridades.

3. Redes sociales y comparación: Plataformas como Instagram, Facebook y Twitter pueden distorsionar la realidad, generando sentimientos de insuficiencia a medida que las personas comparan sus vidas reales con los momentos destacados, cuidadosamente seleccionados, de otros.

4. Sensacionalismo: La búsqueda de mayores índices de audiencia y clics ha llevado a muchos medios hacia el sensacionalismo, priorizando historias dramáticas sobre noticias más matizadas o importantes.

5. Sobrecarga de información: Con el auge de la era digital y el ciclo de noticias 24/7, estamos inundados de información, lo que lleva a la desensibilización, confusión o aumento de la ansiedad sobre los eventos globales.

Abordando las influencias de los medios

1. Educación en alfabetización mediática: Fomentar programas de alfabetización mediática en escuelas y comunidades puede ayudar a las personas a evaluar críticamente los mensajes que reciben, evaluar la credibilidad de las fuentes y discernir entre hechos y ficción.

2. Limitar la exposición: Designa tiempos para desconectarte de dispositivos digitales, redes sociales y noticias. Establecer límites puede ayudar a mantener el bienestar mental y la perspectiva.

3. Diversifica tus fuentes: Confiar en una sola fuente o plataforma para obtener información puede crear una visión limitada. Al diversificar el consumo de medios, se puede obtener una comprensión más completa y equilibrada de los eventos.

4. Consumo consciente: Antes de aceptar o difundir información, especialmente en plataformas como las redes sociales, tómate un momento para verificar su precisión y evitar la propagación de falsedades.

5. Involúcrate en conversaciones directas: Los diálogos cara a cara pueden ofrecer una profundidad de comprensión que las discusiones en línea a menudo carecen. Hablar con otros sobre las influencias de los medios puede generar perspectivas más amplias y soluciones compartidas.

6. Apoya a los medios confiables: Brinda tu apoyo, tanto vocal como financiero, a medios independientes y reputados que priorizan la información imparcial y precisa.

7. Prioriza la salud mental: Reconoce cuándo el consumo de medios, especialmente contenido negativo o sensacionalista, está afectando tu salud mental y prepárate para dar un paso atrás o buscar apoyo.

En nuestros esfuerzos por superar las mentiras y distracciones de nuestro mundo, es crucial recordar que el poder del discernimiento reside en nosotros. Al comprender las influencias de los medios y hacer elecciones intencionales en nuestro consumo, podemos navegar por nuestra sociedad globalizada con claridad y propósito.

¿Por qué la gente comparte información en redes sociales?

Cuando me uní a Facebook en 2008, fue porque quería mantenerme conectada con un grupo de personas con las que había trabajado en un viaje misionero. Con los años, seguí volviendo al mismo lugar, trabajando con las mismas personas y conociendo a otras nuevas. Todos empezamos a ser "Amigos" en Facebook. ¡Esto me parecía increíble! Cada vez que algún miembro del equipo viajaba de ida y vuelta, compartía fotos del trabajo realizado junto con imágenes del equipo. Así nos manteníamos al tanto del progreso y también de nuestras vidas a través de esta plataforma. Suena genial, ¿no?

La verdad es que las redes sociales han evolucionado muchísimo en los últimos 15 años. Pasaron de ser una herramienta para mantenernos conectados a convertirse en plataformas donde la gente promueve cosas que apoyan o en las que creen. Suena bien, ¿verdad? Admito que yo también he usado redes sociales para compartir este libro antes de que siquiera esté terminado. Lo hago porque me apasiona ver a las personas liberarse de los pensamientos oscuros o negativos que las agobian.

Lo que he tenido que tener presente es asegurarme de que no se trate de mí, sino del beneficio de compartir la Palabra de Dios a través de este libro. Hoy en día, la herramienta de las redes sociales para promocionar lo que tienes que ofrecer está mucho más avanzada en comparación con hace 20 años. Si antes querías promocionar algo, tenías que pagar por anuncios en el periódico o en la televisión. Ahora, la gente paga a influencers para que promuevan sus productos. ¿Y cómo eliges a quién pagas? Simple, miras quién tiene más seguidores en las plataformas.

PROTEGE TU MENTE DE LOS MENSAJES NEGATIVOS

En un mundo saturado de información, cada vez es más difícil filtrar los mensajes negativos. Estos pueden venir de los medios, de nuestros amigos o incluso de nuestro propio crítico interno. Con el tiempo, estos mensajes pueden desgastar nuestro sentido de valor personal y distorsionar nuestra percepción del amor de Dios por nosotros. Recuerda que todos lidiamos con estas voces negativas, tanto externas como internas. No estás solo en esta batalla.

Sumérgete en la Palabra de Dios a diario. Las Escrituras son un recordatorio poderoso del amor incondicional de Dios y de nuestro valor intrínseco a Sus ojos. Reserva momentos tranquilos para reflexionar y orar, pidiéndole a Dios que guíe tus pensamientos y te dé fortaleza. Puede ser difícil encontrar tiempo para orar y leer la Palabra, porque el resultado es el cambio. Cambio en los hábitos, cambio en la forma de pensar y cambio en lo que hacemos casi sin darnos cuenta. Y este último cambio es clave: lo que hacemos sin pensar.

Seguro que has escuchado la frase "desplazarse sin pensar por las redes sociales". Pregúntate, ¿cuántas veces te sientas a mirar la pantalla de tu teléfono, tableta o computadora y simplemente sigues desplazándote? Tu pulgar ya está entrenado para mantener el flujo de datos. Y aunque creas que no estás prestando mucha atención, tu mente sigue capturando la información y, en un segundo, decides seguir desplazándote de un dato a otro. Puede ser entumecedor pasar tanto tiempo viendo redes sociales. Y ese es el punto. Si tu mente está entumecida, no la vas a proteger del ataque mental del enemigo.

Tienes que pensar en que estás alimentando a tu mente de manera regular. Si la alimentas con la Palabra de Dios, estará más fuerte para defenderse de los mensajes negativos que te bombardean constantemente.

Protege tu mente en el mundo conectado actual

Con los smartphones a nuestro alcance y la tentación de estar conectados todo el tiempo, las distracciones son infinitas. La avalancha de información puede llevarnos a sentir ansiedad, agobio y a disminuir nuestra capacidad de estar presentes en nuestras vidas y relaciones. Es normal sentirse arrastrado por el ritmo acelerado de la era digital. Recuerda que está bien sentirse abrumado, y también está bien buscar momentos de quietud.

Designa horas o días libres de tecnología para reconectar con el mundo que te rodea y fortalecer tus relaciones con tus seres queridos. Invierte tiempo de calidad con amigos y familiares, proponiéndote estar presente con ellos. Sal de casa, da paseos y disfruta del mundo a tu alrededor. Juega juegos de mesa y disfruta del compañerismo. Y da gracias mientras reconoces las bendiciones a tu alrededor.

Participa en estudios en grupo o talleres que hablen sobre el equilibrio entre la fe y la tecnología en nuestras vidas. Únete a comunidades cristianas en línea o grupos que ofrezcan apoyo, diálogo positivo y alimento espiritual.

Combatiendo los efectos negativos de las redes sociales

Las redes sociales, aunque son una herramienta para conectar, muchas veces amplifican sentimientos de insuficiencia, envidia y soledad. La comparación constante puede erosionar nuestro sentido de identidad y desviar nuestra atención de nuestro camino de fe. Si has sentido que tu alegría disminuye o que la ansiedad aumenta por las redes sociales, debes saber que muchas personas comparten esos sentimientos. Cada publicación 'perfecta' que ves es solo un fragmento de la vida de alguien, no su realidad completa. Solo estás viendo lo que ellos quieren que veas. Y muchas veces, lo que ves es a través de un filtro.

Usa las redes sociales como una plataforma para difundir amor, positividad y la palabra de Dios, convirtiéndote en un faro de luz en un paisaje digital a veces nublado. En todas estas áreas, recuerda que nuestra fe ofrece un manantial de orientación y fortaleza. Al volvernos a Dios, buscar apoyo en la comunidad y ser proactivos en nuestras elecciones, podemos navegar estas luchas con gracia y propósito.

BUSCANDO LA VERDAD EN LA PALABRA DE DIOS EN MEDIO DE UN MUNDO DE DISTRACCIONES

Juan 10:10 dice, "El ladrón no viene sino para hurtar y matar y destruir; yo he venido para que tengan vida, y para que la tengan en abundancia". Estas son palabras en rojo, lo que indica que son palabras de Jesús. Él nos está diciendo que el ladrón viene para matar, robar y destruir, pero ¿qué es lo que viene a robar, matar y destruir? Viene a robar, matar y destruir la vida abundante que Cristo tiene para ti. Si logra distraerte, puede trabajar para derrotarte y destruir tu vida en Cristo.

Observa la palabra distracción. El propósito de la distracción es dividir nuestra atención. Nos impide concentrarnos.

- El prefijo latino "dis" significa alejar, apartar o invertir una fuerza.
- Tracción es la acción de arrastrar un cuerpo, vehículo, tren o similar, sobre una superficie como un camino, vía o canal.
- En otras palabras, es obtener estabilidad para moverse en una dirección.

Cuando obtienes tracción en la Palabra de Dios, te estás moviendo en la dirección del Señor. Una distracción aleja tu mente de concentrarse en Su Palabra. Cuando tienes tracción en la Palabra, te fortaleces y tu fe crece. Tu confianza aumenta y empiezas a verte como Dios te ve. Cuando esto ocurre, puedes estar seguro de que el diablo vendrá a hacer lo que sea para distraerte o quitarte la atención de la Palabra.

Veamos a Marta y María, dos hermanas que Jesús visitó, como se cuenta en Lucas 10:38-42. Marta invitó a Jesús a su casa. Sabía Quién era Él y la importancia de Su mensaje. Mientras se preparaba para servirle, estaba ocupada y distraída con mucho trabajo, y notó que su hermana María estaba sentada a los pies de Jesús, escuchando cada palabra que decía. Marta le pidió a Jesús que enviara a María de regreso a la cocina para ayudarle porque ella estaba haciendo todo el trabajo sola.

> "Respondiendo Jesús, le dijo: Marta, Marta, afanada y turbada estás con muchas cosas. Pero solo una cosa es necesaria; y María ha escogido la buena parte, la cual no le será quitada". Lucas 10:41-42

Estoy segura de que Marta quería que todo fuera perfecto para sus invitados. Sin embargo, estaba tan enfocada en el trabajo que se estaba perdiendo la bendición de la comunión con Jesús. Y porque María eligió escuchar a Jesús, Él dijo que había tomado la decisión correcta.

Quiero aclarar que, como madre de tres hijos, entiendo que hay mucho trabajo por hacer cuando tienes que limpiar la casa para recibir invitados. En algunos casos, puede haber una pila de cosas en la parte superior de las escaleras para ordenar más tarde, debido a la rapidez con la que limpiamos cuando "viene la visita". Sí, esa es la velocidad de limpieza en nuestra casa.

Algunos días, tengo que cerrar los ojos mientras me siento en mi silla para orar, para no distraerme con los Legos, libros para colorear y crayones, o la cantidad de libros esparcidos por mi sala. Si no cierro los ojos, me sentiré tentada a levantarme y comenzar a limpiar. Pero he aprendido a hacer esto porque, cuando quito los ojos de esas cosas y me enfoco en mi Creador, Él puede ordenar mis pasos para terminar esas tareas más rápido. Y a veces me recuerda que debo enseñarles a mis hijos que ellos son responsables de guardar sus cosas.

Versículos sobre la distracción

"No les ha sobrevenido ninguna tentación que no sea humana; pero Dios es fiel, y no permitirá que sean tentados más allá de lo que puedan soportar, sino que, junto con la tentación, les dará también la salida para que puedan resistir". 1 Corintios 10:13

"En tus mandamientos meditaré; consideraré tus caminos". Salmo 119:15

"Por último, hermanos, todo lo que es verdadero, todo lo honorable, todo lo justo, todo lo puro, todo lo amable, todo lo que es digno de admiración; si hay alguna virtud o algo que merezca elogio, en esto piensen". Filipenses 4:8

"Fijen la mirada en las cosas del cielo, no en las de la tierra". Colosenses 3:2

"Por eso les digo: Vivan según el Espíritu, y así no cederán a los deseos de la naturaleza pecaminosa. 17 Porque los deseos de la naturaleza pecaminosa se oponen al Espíritu, y el Espíritu se opone a la naturaleza pecaminosa. Ambos luchan entre sí, impidiendo que hagan lo que ustedes quieren". Gálatas 5:16-17

"Ninguna arma forjada contra ti prosperará, y condenarás toda lengua que se levante contra ti en juicio. Esta es la herencia de los siervos de Jehová, y su salvación de mí vendrá, dijo Jehová". Isaías 54:17

Señales de distracción espiritual

1. **Deseo de ceder o conformarse:** A veces, cuando no estamos rodeados del consejo adecuado, podemos sentirnos motivados a tomar decisiones que no están alineadas con la voluntad de Dios. Si nos volvemos insensibles a los caminos de este mundo, cederemos a las mentiras de Satanás, como lo hizo Eva.

2. **Agotamiento emocional:** Sobrecargarnos con demasiados compromisos nos deja emocionalmente exhaustos porque no sabemos decir "no" a algunas peticiones. Dios nos dio un ejemplo para trabajar: es necesario descansar.

3. **Tensión constante en las relaciones:** 1 Pedro 3:8 dice: "Finalmente, sean todos de un mismo sentir, llenos de compasión, amándose como hermanos, siendo misericordiosos y amables". Deja que el amor guíe todo lo que hagas. Ama al pecador, pero odia el pecado.

4. **Aumento del ego o la arrogancia:** Cuando comenzamos a brillar y recibir reconocimiento por lo que hacemos, el orgullo puede colarse. Perdemos el enfoque de hacer todas las cosas para Cristo y nos centramos en nuestros logros y en lo que hacemos con nuestra propia fuerza. Cuando esto sucede, sentimos el alejamiento de la presencia de Dios.

5. **Sentimientos de culpa:** Los primeros sentimientos de culpa ocurrieron en el jardín cuando Adán y Eva

se escondieron del Señor. Si sientes que debes ocultar algo de Dios o de los demás, no pertenece a tu vida. Debemos renovar nuestras mentes según Romanos 12:2 en cuanto a lo que decimos y hacemos.

6. **Resistencia al cambio:** A veces nos acomodamos tanto en lo que estamos haciendo, incluso en lo que hacemos para el Señor, que cuando resistimos soltar esas cosas, se nos dificulta crecer en los planes más grandes que Él tiene para nosotros.

Si queremos mantenernos cerca de Dios, debemos proteger nuestros corazones, nuestras devociones y nuestros deseos. Mateo 15:18 dice: "Pero lo que sale de la boca, del corazón sale; y esto contamina al hombre". Mateo 6:21 añade: "Porque donde esté tu tesoro, allí estará también tu corazón". En lo que inviertes la mayor parte de tu tiempo, talento y tesoro (finanzas), ahí estará tu corazón. Cuando haces de Dios y pasar tiempo con Él en Su Palabra una prioridad, Él puede ordenar tus pasos para lograr más de lo que imaginas.

Nuestra devoción a Dios es evidente en la forma en que vivimos para obedecerle y honrarle. En otras culturas, cuando alguien adora a su deidad o dioses, hacen sacrificios u ofrendas, pero es solo una muestra externa. No se trata de ningún cambio o impacto en el corazón de la persona. Dios desea obediencia sobre sacrificio, según 1 Samuel 15:22.

Nuestros deseos pueden acercarnos a Dios o alejarnos de Él. Cualquier cosa que deseemos más que a Él se convierte en un ídolo para nosotros. Cuando buscamos primero a Dios y Su reino, Él proveerá todo lo que necesitamos, según Mateo 6:33.

CULTIVAR UNA MENTALIDAD DEL REINO DE DIOS

Cultivar una mentalidad del reino de Dios en medio de una cultura mundana significa alinear los valores, perspectivas y acciones con las enseñanzas de Jesucristo y la Palabra de Dios. Implica priorizar la voluntad de Dios y buscar reflejar Su carácter en cada área de nuestras vidas. No solo nos dio Su Palabra como guía sobre lo que debemos hacer, sino que también nos dio al Espíritu Santo para animarnos en nuestro caminar.

"Toda la Escritura es inspirada por Dios, y útil para enseñar, para redargüir, para corregir, para instruir en justicia, a fin de que el hombre de Dios sea perfecto, enteramente preparado para toda buena obra". 2 Timoteo 3:16-17

La Nueva Traducción Viviente lo expresa así: "Toda la Escritura es inspirada por Dios y es útil para enseñarnos lo que es verdad y para hacernos ver lo que está mal en nuestra vida. Nos corrige cuando estamos equivocados y nos enseña a hacer lo correcto.

Dios la usa para preparar y capacitar a su pueblo para que haga toda buena obra". 2 Timoteo 3:16-17 NTV

Aquí tienes algunos pasos para cultivar una mentalidad del reino:

1. **Busca primero el reino:** Como Jesús dijo en Mateo 6:33, "Mas busca primero el reino de Dios y su justicia, y todas estas cosas te serán añadidas". Prioriza tu crecimiento espiritual y tu relación con Dios.

2. **Estudia las Escrituras:** Lee y medita regularmente en la Biblia. Ofrece orientación, sabiduría y una base para comprender el reino de Dios. Refiérete a 2 Timoteo 3:16-17

3. **Oración y meditación:** Comunícate con Dios regularmente; esto profundiza tu relación con Él, te ayuda a discernir Su voluntad y fortalece tu mente.

4. **Limita las influencias seculares:** Sé discernidor sobre el consumo de medios y otras influencias culturales que pueden desviar tu enfoque de los principios divinos.

5. **Mantén un corazón humilde:** Reconoce a Dios como la fuente de toda sabiduría y fortaleza. Sé receptivo a la corrección y al aprendizaje.

6. **Abraza la perseverancia y la paciencia:** Entiende que las pruebas y los desafíos son parte del camino cristiano. Refinan la fe y desarrollan el carácter.

7. **Cultiva relaciones piadosas:** Construye y mantén relaciones que fomenten el crecimiento espiritual, basadas en respeto y amor mutuos. La rendición de cuentas en estas relaciones también te fortalece en tu fe.

8. **Establece límites:** Aprende cuándo decir no y establece límites que protejan tu bienestar espiritual.

9. **Actúa con integridad:** Deja que tus acciones reflejen tu fe. Vive de manera coherente con las enseñanzas de Cristo.

10. **Comparte el evangelio:** Aprovecha las oportunidades para compartir las buenas nuevas con los demás, dejando que tu vida sea un testimonio del amor y la gracia de Dios.

Recuerda, una mentalidad del reino de Dios es contracultural. A menudo desafía las normas y valores de la sociedad, pero promete paz, propósito y significado eterno. A medida que los creyentes navegan en la cultura mundana, es vital permanecer arraigados en la fe y buscar consistentemente la dirección de Dios.

Proverbios 3:5-8 ofrece una gran sabiduría para guiarte en esto. "Confía en el Señor con todo tu corazón, y no te apoyes en tu propio entendimiento. Reconócelo en todos tus caminos, y él hará derechas tus sendas. No seas sabio en tu propia opinión; teme al Señor y apártate del mal. Esto traerá salud a tu cuerpo y fortaleza a tus huesos". Confía en Él, y Él guiará tus pasos.

Las verdades indiscutibles sobre el reino de Dios

Hemos descubierto lo necesario para tener una mentalidad del reino. Entendemos que Dios es el Rey y gobernante, nosotros somos los ciudadanos, y la Ley o norma del reino es Su Palabra. Cuando aceptamos a Cristo Jesús como nuestro Salvador, nos convertimos en ciudadanos de Su reino. Aprendemos las reglas y las seguimos. La entrada a este reino es para todas las personas del mundo, sin separación por nación u otros límites terrenales.

Se requiere una respuesta. El mensaje de Jesús llama al arrepentimiento y a la creencia en Su muerte y resurrección. Entrar en el reino no se trata solo de una creencia pasiva, sino de una fe activa y una transformación.

La entrada es por gracia. Aunque la respuesta humana y la transformación son importantes, la entrada al reino es un regalo de Dios, otorgado por gracia y no ganado por esfuerzo humano. Se caracteriza por justicia, paz y gozo, tal como lo citan pasajes como Romanos 14:17.

Algunas cosas se sienten más que se ven, ¿cierto? Así es el reino de Dios para ti. No es algo físico que puedas tocar, pero está completamente ahí, viviendo dentro de cada uno de nosotros. Piensa en él como una brújula interna que guía nuestro viaje espiritual. Aunque no tiene fronteras geográficas, el reino tiene su territorio.

El acceso al reino de Dios es para todos, pero por Su gran amor, Él te dio libre albedrío. Tienes la opción de vivir para Él o no. Así como el Hijo Pródigo tenía acceso a su herencia y podía hacer lo que quisiera con ella, tú tienes ese mismo derecho. Puedes aceptar la herencia del Señor como parte de Su familia o vivir como quieras en el mundo.

La transformación interna ocurre cuando invitas a Jesús a tu corazón. Jesús no solo se queda en el trasfondo. Está justo ahí contigo, guiándote a cada paso, en la medida que se lo permitas. Aquí está el punto: no se trata de marcar casillas o seguir un protocolo estricto. Es como tener a Dios como tu mejor amigo, donde todo gira en torno a la relación y a obtener tu propia revelación personal, no solo seguir los rituales.

Mantener y vivir con una mentalidad del reino

"Porque vendrá tiempo cuando no sufrirán la sana doctrina, sino que teniendo comezón de oír, se amontonarán maestros conforme a sus propias concupiscencias, y apartarán de la verdad el oído y se volverán a las fábulas. Pero tú sé sobrio en todo, soporta las aflicciones, haz obra de evangelista, cumple tu ministerio". 2 Timoteo 4:3-5

Una mentalidad del reino como cristiano significa ver y vivir tu vida según el ejemplo de Cristo y no como el mundo. Cuando nos arrepentimos, pedimos el perdón de nuestros pecados y comenzamos a vivir nuestras vidas para honrar a Dios en todo lo que decimos y hacemos, nos convertimos en un ejemplo vivo de Cristo para el mundo.

Una mentalidad del reino también es una mentalidad eterna. Es una mentalidad que comprende que este mundo físico no es todo lo que hay. Existe un reino celestial que no puede ser visto con ojos naturales, sino solo por el Espíritu a través de la Palabra de Dios. Cuando tienes una mentalidad del reino, vives y haces todo con un enfoque en el resultado eterno.

> "Nosotros no fijamos la vista en las cosas que se ven, sino en las que no se ven; porque las cosas que se ven son temporales, pero las que no se ven son eternas". 2 Corintios 4:18

Vives de una manera que no haga tropezar a tu hermano. Vives una vida que apunta a Dios porque te das cuenta de que el Cielo y el Infierno son muy reales. Los amigos y la familia importan de una manera diferente a medida que comienzas a preocuparte por sus almas y dónde pasarán la eternidad cuando tomen su último aliento.

Versículos bíblicos para reflexionar:

- Filipenses 4:8 - "Por último, hermanos, todo lo que es verdadero, todo lo honesto, todo lo justo, todo lo puro, todo lo amable, todo lo que es de buen nombre; si hay alguna virtud, si hay algo digno de alabanza, en esto piensen".
- Juan 17:17 - "Santifícalos en tu verdad; tu palabra es verdad".
- 1 Juan 2:15 - "No amen al mundo ni lo que hay en él. Si alguien ama al mundo, el amor del Padre no está en él".
- Mateo 6:33 - "Más bien, busquen primeramente el reino de Dios y su justicia, y todas estas cosas les serán añadidas".

Preguntas para reflexionar:

1. ¿Cómo han influido las mentiras y preocupaciones del mundo en mis pensamientos, creencias y acciones, y de qué manera han obstaculizado mi crecimiento personal y mi viaje espiritual?
2. ¿Qué mentiras o influencias negativas específicas he permitido que tengan poder sobre mí, y cómo puedo desafiar y rechazar activamente esas mentiras en favor de abrazar la verdad y la autenticidad?
3. ¿Cómo impacta mi apego a las preocupaciones y opiniones mundanas en mi paz mental, mi alegría y

mi capacidad de confiar plenamente en la guía y provisión de Dios?

4. ¿De qué manera puedo cultivar una mentalidad de discernimiento y sabiduría para reconocer las mentiras y preocupaciones del mundo, y elegir intencionalmente alinear mis pensamientos y acciones con la verdad de Dios?

5. ¿Qué prácticas, disciplinas o hábitos puedo desarrollar para proteger mi corazón y mente de las influencias negativas del mundo, y para llenar intencionalmente mi vida con la Palabra, el amor y la gracia de Dios?

En la era digital, los medios juegan un papel significativo en la formación de nuestras percepciones, a veces dirigiendo sutilmente nuestros pensamientos y acciones. Navegar la delgada línea entre la realidad y la falsedad se vuelve desafiante debido a los sesgos, el sensacionalismo y la sobrecarga de información que presentan diversos medios. Es esencial, más que nunca, mantener el discernimiento, reconociendo la profunda influencia que los medios tienen en nuestras vidas. Ya sea por las agendas inherentes en los medios de comunicación o las vidas cuidadosamente curadas que se exhiben en las redes sociales, estas influencias pueden alterar sutilmente nuestras perspectivas, valores e incluso nuestra autoestima.

Las redes sociales, que alguna vez fueron una herramienta de conexión, se han convertido en una plataforma de autopromoción, influyendo en la toma de decisiones e incluso alterando percepciones. Aunque tiene sus beneficios, también conlleva el peligro de un consumo inconsciente, llevando a las personas a un estado de entumecimiento donde absorben inconscientemente una multitud de mensajes. Esta ingesta pasiva de información puede debilitar las defensas de la mente contra influencias negativas.

Pero hay un faro de esperanza: la Palabra de Dios. Sumergirse regularmente en las Escrituras ofrece consuelo y recuerda a las personas su valor, brindándoles la fortaleza para resistir estas influencias negativas. Al cultivar un enfoque consciente hacia el consumo de medios y arraigarse en verdades como las enseñanzas de Dios, las personas pueden navegar con éxito las complejidades del mundo moderno, protegiendo sus mentes del constante bombardeo de información y manteniéndose fieles a sus creencias y valores fundamentales.

Navegar en el mundo virtual requiere equilibrio. Mientras que la tecnología y las redes sociales pueden ofrecer conexiones, también pueden ser fuentes de comparación, envidia y sentimientos de insuficiencia. Al ser conscientes de nuestro consumo digital y priorizar las interacciones cara a cara, podemos fomentar relaciones genuinas y nutrir nuestro bienestar mental.

Sin embargo, tanto como necesitamos protegernos de las influencias externas, es crucial salvaguardarnos contra nuestro propio crítico interno. Al obtener fortaleza de historias bíblicas, como la de Marta y María, se nos recuerda la esencia de la verdadera plenitud. En nuestra búsqueda de la perfección, ya sea en la hospitalidad o en otros empeños, es fácil perderse las verdaderas bendiciones que están frente a nosotros. Al enfocarnos en Dios, podemos discernir lo genuino de lo falso y resistir las distracciones que intentan desviar nuestro camino.

Para superar verdaderamente las mentiras y preocupaciones del mundo, es fundamental recargar regularmente nuestro espíritu con la verdad de Dios, construir conexiones genuinas y cultivar un corazón discernidor. Al hacerlo, nos mantenemos firmes contra las distorsiones del mundo, asegurando que nuestra mente permanezca anclada en el propósito y amor de Dios.

CONCLUSIÓN

Al finalizar este libro, tomemos un momento para reflexionar sobre las profundas verdades que hemos descubierto juntos. La esencia del autoconocimiento, tal como se explora en estos capítulos, no es simplemente una búsqueda para entenderse mejor a uno mismo. Es un viaje íntimo y espiritual que solo puede encontrar sus revelaciones más profundas a través de la perspectiva de Dios.

Tu identidad no es solo un producto de experiencias mundanas o de las etiquetas que la sociedad impone sobre ti; es un testimonio divino de cómo Dios te percibe. Cada individuo es único, valioso y, sobre todo, amado infinitamente por nuestro Creador. Comprender esto puede proporcionar una base más sólida que cualquier desafío o duda que la vida nos presente.

Los traumas y el dolor del pasado, aunque constituyen un reto innegable, se pueden sanar a través de la gracia de Dios.

Al volvernos hacia Él, encontramos consuelo y fortaleza que trascienden nuestra comprensión mundana, permitiéndonos resurgir con un espíritu fortalecido por el amor divino. Es crucial comprender que el perdón, tanto para nosotros como para los demás, no es solo un acto noble. Es un paso liberador que nos libera de las cadenas de amargura y resentimiento, permitiendo que el amor de Dios fluya a través de nosotros con mayor libertad.

Abrir nuestros corazones puede parecer un acto vulnerable, especialmente cuando experiencias del pasado nos han enseñado a protegerlos ferozmente. Sin embargo, al dejar entrar el amor inquebrantable de Dios, fortalecemos nuestros corazones de maneras que no podríamos haber imaginado. Este amor divino actúa como un escudo, protegiéndonos de las trampas de la autocrítica negativa y del constante bombardeo de las influencias mediáticas. En lugar de dejarnos llevar por voces externas, aprendemos a sintonizarnos con el suave susurro de Dios, guiándonos hacia nuestro verdadero yo.

El viaje hacia descubrir quiénes somos en Cristo y buscar la voluntad perfecta de Dios en nuestra vida puede no siempre ser fácil, pero vale la pena cada esfuerzo. Recuerda, no estás solo en tu camino con Dios. ¡Él siempre está ahí para guiarte, incluso cuando el camino pueda parecer incierto!

En un mundo lleno de caos y ruido, comprender quién eres en Cristo Jesús ofrece una verdad que sirve de ancla. Eres valorado. Eres invaluable. Y eres amado más de lo que jamás puedas imaginar. A medida que avanzas, recuerda que este libro no es solo una guía, sino un testimonio del amor eterno de Dios por ti. Abraza esta verdad, vívela y deja que guíe cada uno de tus pasos hacia el radiante futuro que Dios ha planeado para ti.

Gracias por tomarte el tiempo de leer "¿Quién crees que eres?" y por considerar dejar una reseña para apoyarlo. Estoy profundamente agradecida por tu participación, compromiso y apoyo.

Te deseo paz, esperanza y amor continuos.

Con cariño,
- Lorie Eubank

NKJV

Las Escrituras tomadas de la Nueva Versión Reina-Valera® (New King James Version®). Copyright © 1982 por Thomas Nelson. Usado con permiso. Todos los derechos reservados. Todas las citas de las Escrituras, a menos que se indique lo contrario, están tomadas de la Santa Biblia, Nueva Versión Reina-Valera®.

NVI

Las citas de las Escrituras marcadas como (NVI) están tomadas de la Santa Biblia, Nueva Versión Internacional® (New International Version®), NVI®. Copyright © 1973, 1978, 1984, 2011 por Biblica, Inc.™ Usado con permiso de Zondervan. Todos los derechos reservados en todo el mundo. www.zondervan.com. "NVI" y "Nueva Versión Internacional" son marcas registradas en la Oficina de Patentes y Marcas de Estados Unidos por Biblica, Inc.™.

NTV

Las citas de las Escrituras marcadas como (NTV) están tomadas de la Santa Biblia, Nueva Traducción Viviente (New Living Translation), copyright © 1996, 2004, 2015 por Tyndale House Foundation. Usado con permiso de Tyndale House Publishers, Carol Stream, Illinois 60188. Todos los derechos reservados.

REFERENCIAS

Your Identity in Christ: How God sees you | Cru. (s.f.). Cru.org. (Tu identidad en Cristo: cómo te ve) https://www.cru.org/us/en/train-and-grow/spiritual-growth/core-christian-beliefs/identity-in-christ.html

Project, J. F. (18 de abril de 2023). 5 tips for finding your Purpose in Christ - Jesus Film Project. Jesus Film Project. (5 consejos para encontrar tu propósito en Cristo - Proyecto de Jesús Film.) https://www.jesusfilm.org/blog/finding-purpose-in-christ/

Ong, G. (2022). How to walk in God's promises and wait for them. Thir.st. (Cómo caminar en las promesas de Dios y esperar por ellas.) https://thirst.sg/how-to-walk-in-gods-promises-and-wait-for-them/

5 reasons God's grace is sufficient for you even in the darkness - Topical studies. (22 de diciembre de 2022). biblestudytools.com. (5 razones por las que la gracia de Dios es suficiente para ti incluso en la oscuridad) https://www.biblestudytools.com/bible-study/topical-studies/5-reasons-god-s-grace-is-sufficient-for-you-even-in-the-darkness.html

Ministries, R. (s.f.). Moving past regret — Family fire. Family Fire. (Superando el arrepentimiento) https://familyfire.com/articles/moving-past-regret

Letting Go Of Guilt and Regret — Hope for the Broken-Hearted. (s.f.). Hope for the Broken-Hearted. (Dejando ir la culpa y el arrepentimiento: Esperanza para los corazones rotos) https://www.hopeforthebrokenhearted.com/letting-go-of-guilt-and-regret-1

Inner Healing 101: Healing emotional wounds. (s.f.). (Sanando heridas emocionales) https://www.greatbiblestudy.com/emotional-healing/inner-healing-101-healing-emotional-wounds/

The Power of a Praying® Wife - Kindle edition by Omartian, Stormie. Religion & Spirituality Kindle eBooks @ Amazon.com. (s.f.). (El poder de una esposa que ora) https://a.co/d/iUD4V8l

Why we should extend grace to others | Cru. (s.f.). Cru.org. (Por qué debemos extender gracia a los demás) https://www.cru.org/us/en/blog/help-others-grow/mentoring/extend-grace-others.html

How To Forgive Others the Way God Forgives Us | Cru. (s.f.). Cru.org. (Cómo perdonar a los demás como Dios nos perdona) https://www.cru.org/us/en/blog/life-and-relationships/hardships/forgiven-much.html

Admin. (23 de febrero de 2023). *The Power of Forgiveness - I Need A Word. I Need a Word.* (El poder del perdón) https://ineedaword.org/the-power-of-forgiveness-understanding-what-the-bible-says/

Harling, B. (2021). *How to understand and internalize God's deep love for us. Crosswalk.com.* (Cómo entender e internalizar el profundo amor de Dios por nosotros) https://www.crosswalk.com/faith/spiritual-life/how-to-understand-and-internalize-gods-deep-love-for-us.html

Maulding, M. (s.f.). *Removing barriers to experiencing God's love.* (Eliminando barreras para experimentar el amor de Dios) https://www.gracelifeinternational.com/removing-barriers-to-experiencing-gods-love

Jenkins, J. M. (2021). *Overcoming Obstacles to Receiving and Responding to God's Love. J. Marshall Jenkins.* (Superando obstáculos para recibir y responder al amor de Dios) https://www.jmarshalljenkins.com/2019/10/01/overcoming-obstacles-receiving-responding-gods-love/

Footprints To Recovery Addiction Treatment Centers. (2023). *7 Ways to Combat Negative Self-Talk. Footprints to Recovery.* (7 maneras de combatir el diálogo interno negativo) https://footprintstorecovery.com/blog/combat-negative-self-talk/

Lebow, H. I. (7 de junio de 2021). *How to let go of negative thoughts: 4 steps. Psych Central.* (Cómo dejar ir los pensamientos negativos: 4 pasos) https://psychcentral.com/depression/letting-go-of-negative-thoughts

Ling, M. (25 de febrero de 2021). *How to overcome negative thoughts as a Christian | Truthfully, Michelle. Truthfully, Michelle.* (Cómo superar los pensamientos negativos como cristiano) https://truthfullymichelle.com/how-to-overcome-negative-thoughts-as-a-christian/

What does the Bible say about distractions? (s.f.). (¿Qué dice la Biblia sobre las distracciones?) https://www.openbible.info/topics/distractions

Turningpoint. (24 de marzo de 2022). *6 Signs that you're distracted from God's Will - David Jeremiah blog. David Jeremiah Blog.* (6 señales de que estás distraído de la voluntad de Dios) https://davidjeremiah.blog/6-signs-that-youre-distracted-from-gods-will/

Contributor. (17 de abril de 2018). *How Do I Stay Close to God in A World Full of Distractions? - YMI. YMI.* (¿Cómo me mantengo cerca de Dios en un mundo *lleno de distracciones?) https://ymi.today/2018/04/how-do-i-stay-close-to-god-in-a-world-full-of-distractions/*

How can we have an eternal mindset here on Earth? - Topical studies. (19 de mayo de 2023). biblestudytools.com. (¿Cómo podemos tener una mentalidad eterna aquí en la Tierra?) https://www.biblestudytools.com/bible-study/topical-studies/how-can-we-have-an-eternal-mindset-here-on-earth.html